SISTEMAS DE FAMILIA INTERNA

Ejercicios • Hojas de trabajo • Técnicas • Meditaciones

SISTEMAS DE FAMILIA INTERNA

Manual de habilidades (IFS)

Terapia basada en el procesamiento de trauma para ansiedad, depresión, TEPT y abuso de sustancias

Frank G. Anderson, MD

Martha Sweezy, PhD

Richard C. Schwartz, PhD

Traducción de Cristina Palli

EDITORIAL ELEFTHERIA

Nota a los lectores: *los estándares de la práctica clínica y su protocolo cambian con el tiempo, y no se garantiza que una técnica o recomendación sea segura o efectiva en todas las circunstancias. Este libro está concebido como un recurso de información general para profesionales que ejercen en el campo de la psicoterapia y la salud mental, pero no sustituye a la formación pertinente, a la revisión de pares ni a la supervisión clínica. Ni la editorial ni los autores puede garantizar la exactitud, eficacia o idoneidad absolutas de ninguna recomendación particular en todos los aspectos.*

Título original: *Internal Family Systems Skills Training Manual*

EDITORIAL ELEFTHERIA, S.L.
Sitges, Barcelona, España
www.editorialeleftheria.com
Primera edición: Junio de 2019
© De la traducción: Cristina Palli
Ilustración de cubierta: istock.com/lowball-jack
Maquetación: M.I. Maquetación, S.L.
ISBN (papel): 978-84-120143-9-6
ISBN (POD): 978-84-125628-5-9
ISBN (ebook): 978-84-120143-6-5
DL: B 15695-2019

Dedicatoria

Dedico este libro a mi marido, a mis hijos y a mis padres.

En primer lugar, y ante todo, a Michael por su apoyo continuo e inquebrantable en todos los proyectos de mi vida.

Tu estímulo para encarnar y expresar mi verdadero Self ha sido uno de los mayores regalos de mi vida.

A mis hijos, Logan y Austin, con mucho, mis mejores maestros. Nos juntaron para aprender los unos de los otros y crecer juntos. Me habéis cambiado de una forma que nunca podría haber imaginado. Os quiero profundamente y os doy las gracias por elegirme como mentor en vuestro viaje. A mis padres: papá, por convertirte en mi animador y mayor fan; mamá, por contarle a mi Self más joven que podía hacer lo que quisiera en mi vida. Gracias a ambos por los sacrificios que habéis hecho y por el amor que siempre me habéis hecho llegar.

Con amor y gratitud,
Frank Anderson

Dedico este libro a mi querida amiga, Pat Gercik, cuya amorosa energía de Self pone la «P» en 'presente', 'persistente' y 'juguetona'.[1]

MARTHA SWEEZY

Dedico este libro a la fallecida Regina Goulding, una valiente colaboradora en la exploración del mundo interior traumatizado.

DICK SCHWARTZ

Los autores también agradecen a Linda Jackson y Claire Zelasko su amabilidad, paciencia, ayuda y entusiasmo a lo largo de todo este proceso. También nos damos las gracias mutuamente por lo mismo.

1. En inglés, los tres adjetivos empiezan por la letra p, y hacen referencia a tres de las llamadas cualidades del terapeuta. Ver glosario. *(N. de la T.).* El sentido de la dedicatoria: cuya energía de Self completa el sentido de 'presente', 'persistente' y 'juguetona'.

Índice

Sobre los autores

Frank G. Anderson, MD

El doctor Frank Anderson completó su residencia en Psiquiatría en la Facultad de Medicina de Harvard y se especializa en entender y tratar los efectos del dolor psíquico y el trauma. Está comprometido con promover la compasión, la esperanza, la sanación y la no violencia en un mundo turbulento.

Anderson viaja alrededor del mundo como paladín e instructor de Sistemas de Familia Interna (IFS): un tratamiento basado en la evidencia que ofrece una vía acelerada hacia la autoconciencia y la sanación de heridas emocionales. Único como psiquiatra y a la vez como psicoterapeuta, se especializa en el tratamiento del trauma y la disociación en su consulta privada y es un apasionado de la enseñanza de la psicoterapia basada en el cerebro, integrando el conocimiento actual de las neurociencias con el modelo IFS de terapia. Además de servir como director ejecutivo de la Fundación para el Liderazgo del Self, y de llevar a cabo investigaciones y colaborar con Pixar, también asistió a la Conferencia del Espíritu de la Humanidad en Islandia y trató a los sobrevivientes de los ataques del 11 de septiembre en Nueva York. Se mantiene activo y comprometido en su profesión.

Martha Sweezy, PhD

Martha Sweezy, PhD, es profesora asistente en la Facultad de Medicina de Harvard, consultora de programa y supervisora de la Cambridge Health Alliance, así como la antigua directora adjunta y directora de formación del programa de terapia dialéctica conductual en el Cambridge Health Alliance.

Es autora de dos artículos sobre IFS, «Treating Trauma After Dialectical Behavioral Therapy» en el *Journal of Psychotherapy Integration* y «The Teenager's Confession: Regulating Shame in Internal Family Systems Therapy» en el *American Journal of Psychotherapy*, y coeditora/coautora de los libros *Internal Family Systems Therapy: New Dimensions*, e *Innovations and Elaborations in Internal Family Systems Therapy*; así como coautora del libro *Intimacy from the Inside Out: Courage and Compassion in Couple Therapy*. Tiene una consulta de terapia y asesoramiento en Northampton, Massachusetts.

Richard C. Schwartz, PhD

El doctor Schwartz desarrolló los sistemas de familia interna en respuesta a las descripciones de los clientes, quienes contaban cómo experimentaban varias partes —muchas de ellas extremas— dentro de sí mismos. Se dio cuenta de que cuando estas partes se sentían seguras y sus preocupaciones eran atendidas, eran menos perturbadoras y podían acceder al sabio liderazgo de lo que Schwartz vino a llamar el «*Self*». Al desarrollar IFS, reconoció que, al igual que en la teoría familiar sistémica, las partes asumen roles característicos que ayudan a definir el mundo interior de los clientes. El Self que coordina y que encarna las cualidades de confianza, apertura y compasión, actúa como un centro alrededor del cual gravitan las diversas partes. Debido a que IFS sitúa la fuente de curación en el cliente, el terapeuta está libre para centrarse en guiar a su cliente hacia el acceso a su verdadero Self y ayudarle así a aprovechar su sabiduría. Este enfoque convierte IFS en un marco esperanzador y no patologizante para practicar la psicoterapia.

En el año 2000, fundó The Center for Self Leadership en Oak Park, Illinois. Schwartz es un ponente destacado para muchas asociaciones nacionales de psicoterapia y un miembro de la American Association for Marriage and Family Therapy, y participa en el consejo editorial de cuatro revistas profesionales. Ha publicado cuatro libros y más de 50 artículos sobre IFS. Sus libros incluyen *Internal Family Systems Therapy, Introduction to the Internal Family Systems Model,* y es coautor de *Family Therapy: Concepts and Methods, The Mosaic Mind* y *Metaframeworks.* Schwartz vive y trabaja en Brookline, Massachusetts, y es parte del cuerpo docente del Departamento de Psiquiatría de la Harvard School of Medicine.

SECCIÓN 1

Introducción a los sistemas de familia interna (IFS)

Richard C. Schwartz, doctorado en Terapia Matrimonial y Familiar, y uno de los autores de este manual, desarrolló la terapia de los sistemas de la familia interna (IFS) en la década de 1980, mientras trataba a adolescentes con trastornos alimentarios (TA) que de forma recurrente hablaban de conversaciones internas con lo que llamaban «diferentes partes». Siguiendo su manera propia de hablar, Schwartz se refirió a sus subpersonalidades como «partes». Mientras exploraba opciones y animaba a los clientes a interactuar con sus partes con trastorno alimentario (TA) tal como lo harían los miembros de una familia, Schwartz se dio cuenta de que él y el cliente podían persuadir a una parte extrema con TA para que permitiera al cliente separarse mentalmente un poco de su perspectiva distorsionada, tras lo cual el cliente espontáneamente podía estar más atento hacia la parte (sin juzgarla y con curiosidad).

Esta postura relacional amable —y en última instancia compasiva— entre el cliente y las partes resultó crucial para la sanación y se convirtió en el eje central de la terapia IFS. Todos hemos tenido momentos de claridad y equilibrio, en los que cesa el incesante parloteo dentro de nuestra cabeza, y nos sentimos tranquilos y espaciosos, como si nuestra mente, corazón y alma se hubiesen iluminado y expandido. Otras veces, sentimos una ola de conexión gozosa con los demás que elimina la irritación, la desconfianza y el aburrimiento. Schwartz observó que la sanación sólo ocurre cuando el terapeuta y el cliente logran una masa crítica de este fenómeno, que él llamó el *Self.*

ENCARNAR EL SELF Y ESCUCHAR A LAS PARTES

El objetivo de IFS, ahora ya considerada una terapia basada en la evidencia, es encarnar el Self y sanar nuestras partes heridas de manera que podamos vivir con confianza, guiados por la curiosidad y la compasión. Como ilustramos a lo largo de este manual, cuando los clientes encarnan más Self y escuchan a sus partes, en lugar de tratar de eliminar estos aspectos de sí mismos, sus diálogos internos cambian espontáneamente. Sus voces extremas se calman, empiezan a sentirse bien: más seguros, más ligeros, más libres, más abiertos, más juguetones. Los clientes que hasta el momento han mostrado poco entendimiento de sus problemas de repente son capaces de seguir la trayectoria de sus propios sentimientos e historias emocionales con claridad y comprensión. E incluso aquellos clientes muy perturbados que parecen improbables candidatos a cambiar después de haber vivido infancias de abuso y negligencia implacables experimentarán mayor entendimiento, autoaceptación, estabilidad y crecimiento personal una vez que se conecten con el Self en su interior.

Después de ser testigo repetidamente de la adquisición repentina de esta capacidad de contener y comprender incluso la confusión interna severa, Schwartz llegó a la conclusión de que la trayectoria tradicional de la terapia (orientada a los síntomas, focalizada en los resultados y en la resolución de problemas) no abarcaba, y no podía ayudarlo a entender, aquello que él estaba tanto empezando a explorar como a acceder a ello. La psicoterapia y la espiritualidad describen por igual la «esencia» que llamamos el Self con términos como el alma, lo divino, la naturaleza de Buda, o la sede o el asiento central de nuestra consciencia. Según su experiencia, una vez que las partes crean espacio, todos podemos tener acceso al núcleo de quien realmente somos.

Sin embargo, ser liderado por el Self con los clientes no es fácil. Mucho de lo que nos enseñaron sobre la psique y la terapia alimenta nuestros miedos y nos mantiene distantes. El *DSM* en todas sus iteraciones siempre nos ha animado a centrarnos en los comportamientos más aterradores y patológicos de nuestros clientes, mientras que la preocupación por nuestras carreras, nuestra reputación y los posibles litigios nos hace estar en guardia. Al mismo tiempo, dado que nuestros clientes suscitan en nosotros tantos sentimientos, pensamientos, prejuicios, asociaciones negativas e impulsos inapropiados como nosotros despertamos en ellos, nuestro equipaje personal nos hace vulnerables en las sesiones y no podemos ayudar a nuestros clientes hasta que podamos ayudarnos a nosotros mismos. No podemos acompañarlos a adentrarse en su terror, humillación y soledad devastadora a menos que hayamos explorado antes los nuestros.

En consecuencia, no podemos omitir ni ignorar a nuestros bárbaros internos, esas partes no deseadas que odian, se enfurecen, reprimen, aterrorizan, traicionan, amenazan y participan de todo tipo de prejuicios y codicia —o aquellas que tienen sentimientos algo menos aborrecibles como depresión, ansiedad, superioridad moral, culpa y autodesprecio—. Sin embargo, una vez que hayamos establecido una buena relación con nuestras propias reacciones extremas —porque tener una buena relación con ellas es más beneficioso, agradecido y efectivo que regañarlas—, el trabajo de ayudar a los clientes a establecer una buena relación con sus reacciones extremas ofrece beneficios significativos para nosotros los terapeutas. Cuando escuchamos a nuestras partes en lugar de exiliarlas, no tenemos que trabajar tan duro y las partes son capaces de transformarse.

Para sintonizarnos con nuestros clientes debemos hacer una gran inversión en nosotros mismos, lo cual puede ser un reto. Pero una vez que somos capaces de conectarnos internamente, las sesiones fluyen casi sin esfuerzo, como si sucediera algo mágico. Como terapeutas de IFS, nuestro trabajo consiste en acompañar a nuestros clientes a un estado de profunda atención plena, conciencia corporal plena, centrados y con calma interior. Después de unas horas en este estado energizante y vivificante, habiendo tenido el privilegio de ser testigos de los asombrosos e inspiradores viajes de nuestros clientes hacia su interior, a menudo terminamos el día sintiéndonos conectados a algo mucho más grande que nosotros.

CÓMO UTILIZAR ESTE LIBRO

IFS es experiencial: trata de hacer los ejercicios de este manual tú mismo primero

La mejor manera de comprender el enfoque terapéutico de IFS es experimentarlo. Y la mejor manera de practicar IFS con tus clientes es saber lo que se siente personalmente. Recomendamos a los lectores que se impliquen en los ejercicios de este manual personalmente antes de usarlos con los clientes.

Meditaciones

Este manual contiene varias meditaciones basadas en el modelo IFS. Siéntete libre de usarlas como te convenga. Puedes grabarlas y reproducirlas después, o puedes leerlas y simplemente recordar los pasos. También puedes leerlas una detrás de otra o probar la misma meditación varias veces antes de pasar a la siguiente.

Neurociencia

También hemos incorporado algunos conocimientos actuales sobre neurociencia en relación con los pasos del modelo de terapia IFS. Esperamos que esto mejore tu comprensión de lo que podría estar sucediendo en el cerebro durante una sesión de IFS y te sirva al tomar tus decisiones terapéuticas.

Qué puede enseñar un manual sobre IFS

En este manual guiamos al lector a través del flujo del modelo IFS de psicoterapia de manera descriptiva y experiencialmente, introduciendo al lector a los motivos positivos, a menudo ocultos, que gobiernan los sistemas internos e ilustrando estrategias efectivas para abordar los problemas que subyacen a los síntomas.

También ilustramos los últimos pasos de sanación de la terapia IFS, que acompañan al cliente a sus mayores zonas de vulnerabilidad, pero en este caso no proporcionamos ejercicios experienciales ni recomendamos que intente hacer una descarga. En vez de eso, instamos a los terapeutas que carecen de formación reglada en IFS a que, en este punto de la terapia, vuelvan a utilizar su formación y competencias previas. Para aprender a practicar IFS desde el contacto inicial con el cliente hasta los pasos finales, y para maximizar la destreza en el modelo IFS, recomendamos la formación reglada y experiencial que ofrece el Center for Self Leadership (CSL). También recomendamos probar la terapia IFS con un terapeuta de IFS. Para más información sobre las distintas opciones de formación y una lista de los terapeutas formados en IFS, se puede consultar Selfleadership.org.

El modelo IFS de la mente

La terapia IFS utiliza un modelo plural de la mente: todos tenemos un sistema interno de innumerables partes que interactúan internamente entre ellas y externamente con otras personas. Además, todos tenemos un recurso central que no es una parte, que se caracteriza por el equilibrio, la curiosidad y la compasión. Schwartz llamó a este recurso que no es una parte «el Self». Schwartz atribuye al enfoque sistémico de su formación como terapeuta familiar su apertura a conceptualizar la psique del individuo como un sistema, lo cual es coherente con lo que le contaban sus clientes (Schwartz, 1995). En este sistema interno, algunas partes asumen roles protectores en respuesta a las heridas emocionales de las relaciones, las cuales suceden a menudo en la infancia de un modo u otro y no pueden evitarse. IFS atiende las necesidades de las partes de ambas categorías: las protectoras y las heridas.

GLOSARIO DE TERMINOLOGÍA IFS

Como todas las psicoterapias, IFS asigna significados únicos a ciertas palabras y frases. Aquí presentamos un glosario del lenguaje de IFS.

Las 5 cualidades de un terapeuta IFS: Presencia, paciencia, persistencia, perspectiva y alegría.[1]

Los 6 Pasos para diferenciar partes: Los pasos que usamos para ayudar a las partes protectoras a diferenciarse del Self. Los pasos son: encontrar, centrarse, describir, sentir, establecer un buen vínculo, miedos.[2]

Las 8 C: Las cualidades de la energía de Self: curiosidad, calma, claridad, conexión, confianza, coraje, creatividad y compasión.

Mezclada (o indiferenciada):[3] Cuando una parte está mezclada con otra parte o con el Self.

Con cargas o cargada: Cuando las partes han asumido creencias y sentimientos dolorosos acerca de sí mismas o tienen sensaciones físicas angustiantes procedentes de fuentes externas, de lo cual no pueden escapar hasta que no sean descargadas.

Cargas: Creencias negativas y autorreferenciales *(no soy querible, no valgo nada)* y estados emocionales intensos y relacionados con trauma (terror, vergüenza, rabia), sensaciones físicas o visiones *(flashbacks).*

Acceso directo: Un método de comunicación con las partes y una alternativa a la comunicación interna (también conocida como *insight*). Cuando un protector no quiere separarse, el terapeuta habla directamente con las partes del cliente. En un acceso directo, el terapeuta puede hablar *explícitamente* a una parte (por ejemplo, «¿Puedo hablar directamente con esa parte? ¿Por qué quieres que John beba?»). O, cuando el cliente rechaza la idea de que haya partes y dice «Esto no es una parte, éste soy yo», entonces el terapeuta puede hablar con la parte *implícitamente,* sin reconocer directamente que está hablando con una parte. El acceso directo es el método habitual con niños (ver

1. Estas cualidades se conocen también como las 5 P, ya que en inglés todas empiezan por la letra p: *presence, patience, persistence, perspective, playfulness. (N. de la T.)*

2. En los libros y cursos en inglés, estos pasos se conocen como «the 6 Fs», ya que en ese idioma todos ellos empiezan por o contienen la letra f: *find, focus, flesh-out, feel, befriend, fears. (N. de la T.)*

3. En algunos otros textos pueden encontrarse también las expresiones «parte fundida» o «fundirse con una parte».

Drause, 2013), aunque algunos niños son capaces de utilizar comunicación interna.

Rehacer de forma reparadora: Cuando una parte exiliada lleva al Self del cliente de vuelta a un tiempo y lugar en el pasado donde está atascada y le indica al Self que haga lo que la parte necesitaba que alguien hubiese hecho por ella entonces.

Comunicación interna (también conocida como *in-sight*): El principal método usado con adultos para entender y comunicarse con las partes; la comunicación interna requiere que el cliente sea consciente de sus partes (a menudo con la ayuda de experiencias visuales, cinestéticas o auditivas) y que tenga suficiente energía de Self para comunicarse directamente con ellas. Cuando los protectores bloquean la comunicación interna, utilizamos el acceso directo.

Partes: Entidades internas, o subpersonalidades, que funcionan independientemente y tienen una gama completa de sentimientos, pensamientos, creencias y sensaciones. Estas entidades, que tienen su propia energía de Self cuando se sienten entendidas y apreciadas, varían en apariencia, edad, género, talento e intereses. Existen y llevan a cabo varios roles dentro del sistema interno. Cuando no están exiliadas ni tienen conflictos entre sí sobre cómo gestionar las partes exiliadas, contribuyen de diversas maneras a nuestro funcionamiento eficiente y a nuestro bienestar general.

Tres tipos de partes

El modelo IFS clasifica las partes en tres grandes categorías según su funcionamiento en relación las unas con las otras. Una parte herida, o *exiliada*, es primordial, debido a su influencia sobre el comportamiento de otras partes. Orbitando alrededor de los exiliados hay dos categorías de partes protectoras. El protector proactivo, llamado directivo, tiene el papel de mantener el funcionamiento del individuo a pesar de lo que los exiliados sienten. El protector reactivo, llamado *bombero*, tiene el papel de distraer el dolor emocional de las partes exiliadas, y de suprimirlo, cuando éste consigue hacerse sentir a pesar de los grandes esfuerzos del directivo.

1. **Exiliados:** Se manifiestan en forma de sentimientos, creencias, sensaciones y acciones; estas partes han sido avergonzadas, rechazadas, maltratadas o negligidas en la infancia y posteriormente son apartadas y exiliadas por los protectores por su propia seguridad y para evitar que abrumen al sistema interno con dolor emocional. Se gasta una gran cantidad de energía interna para mantener a los exiliados fuera de la conciencia.

Protectores

2. **Protectores proactivos o directivos:** Ayudantes proactivos que se centran en aprender, funcionar, estar preparados y ser estables. Los directivos están vigilantes, intentando evitar que los exiliados se disparen[4] e inunden de emoción el sistema interno. Como consecuencia, trabajan duro y utilizan diversas tácticas —a menudo decididas, implacables, con mucha crítica y en ocasiones vergonzantes— para mantenernos centrados en nuestras tareas e insensibles a los sentimientos.
3. **Protectores reactivos o bomberos:** Los protectores reactivos comparten el mismo objetivo que los directivos: quieren exiliar las partes vulnerables y extinguir el dolor emocional. Sin embargo, los protectores reactivos son un servicio de emergencias. Se activan *a posteriori*, cuando los recuerdos y las emociones de los exiliados se abren paso a pesar de los esfuerzos represivos de los directivos. Los protectores reactivos tienden a ser feroces y usan medidas extremas que los directivos aborrecen, como por ejemplo el consumo abusivo de alcohol y drogas, atracones de comida, compras excesivas, promiscuidad, autolesiones, suicidio, e incluso homicidio.

4. Una parte puede activarse o dispararse por una situación, frase, pensamiento o persona. Que una parte se active o dispare simplemente significa que se pone en funcionamiento; no hay ninguna implicación sobre la forma en que la parte se pone en funcionamiento. Es decir, algunas partes pueden activarse de forma hiperactiva, otras de forma hipoactiva, algunas partes pueden ser impulsivas, otras no. Cuando una parte se activa, puede llegar a influir en nuestros sentimientos, pensamientos, sensaciones físicas y actos. *(N. de la T.)*

Polarización: una relación de confrontación entre dos protectores que están en conflicto sobre cómo manejar a un exiliado. Con el tiempo, sus puntos de vista opuestos tienden a ser cada vez más extremos y costosos. Sin embargo, cuando las intenciones y contribuciones de cada parte son reconocidas por el Self del cliente, los protectores polarizados generalmente están dispuestos a permitir que el Self se haga cargo del trabajo de cuidar, proteger y repatriar al exiliado. Entonces, los protectores se liberan de un trabajo pesado y pueden encontrar su rol preferido en la familia interna.

Posdescarga: Las tres o cuatro semanas siguientes a una descarga son una ventana de tiempo en la cual los cambios fisiológicos y emocionales se consolidan.

Comprobación con el protector después de la descarga: Invitar a los protectores a probar algo nuevo; permitir al Self de los clientes estar con el exiliado (es decir, sanar) y protegerlo.

Recuperación: Después de haber sido testigo de lo que la parte exiliada muestra en la forma en que ésta lo necesite, la parte exiliada abandona el pasado (donde ha continuado estando, de hecho, congelada en el tiempo) y llega al presente.

Self: La presencia innata en cada uno de nosotros que trae a nuestra familia interna equilibrio y armonía, junto con ciertas cualidades transformadoras y que no implican ningún juicio de valor (curiosidad, cuidado, creatividad, coraje, calma, conexión, claridad, compasión, presencia, paciencia, persistencia, perspectiva, alegría). Mientras que las partes pueden mezclarse con el Self (abrumándolo y por lo tanto oscureciéndolo), el Self, sin embargo, continúa existiendo y es accesible en cuanto las partes se separan (es decir, se diferencian).

Energía de Self: Las perspectivas y sentimientos que el Self aporta a la relación con las partes.

Liderado por el Self: Cuando un individuo tiene la capacidad de escuchar, entender y estar presente con las partes, reconociendo y apreciando la importancia de sus funciones en el sistema familiar interno y en la relación con otras personas.

La invitación para los exiliados: Después de la descarga, la parte puede invitar a las cualidades de su propia elección a que llenen el espacio anteriormente ocupado por la carga.

El proceso de descarga: Tomado como un todo, el proceso de descarga incluye ser testigo, rehacer la situación de forma reparadora, recuperación, descarga, invitar a las nuevas cualidades y la comprobación con los protectores.

No mezclados (o diferenciados, o separados): El estado de ser-con, en el que ninguna parte (es decir, ningún sentimiento, pensamiento, sensación, creencia) está abrumando al Self. Cuando las partes no mezcladas (o diferenciadas) permanecen separadas, presentes y accesibles pero no compiten por dominar, tenemos acceso a las cualidades del Self. Este estado de no estar mezclado con las partes se experimenta a menudo como espacio interior.

Descarga: las emociones dolorosas, las sensaciones traumáticas y las creencias severas de una parte exiliada se liberan ceremonialmente, a menudo utilizando imágenes que involucran uno de los elementos (luz, tierra, aire, agua, fuego).

Ser testigo: El proceso durante el cual una parte muestra o cuenta al Self del cliente sus vivencias, hasta que se siente comprendida, aceptada, amada y se acepta a sí misma.

COMPRUÉBALO TÚ MISMO:

CAMBIO PARADIGMÁTICO EN IFS

Con el fin de afianzar los conceptos de IFS, presentamos a continuación un primer ejemplo de la evaluación y el diagnóstico al inicio de una terapia IFS con un cliente traumatizado.

Por teléfono antes de su primera sesión, Serena ofrece algunos detalles superficiales sobre su vida y luego añade con firmeza que no quiere pasar mucho tiempo revisando el pasado porque su infancia no fue el problema. Dice que ha intentado hablar de su infancia en terapia en el pasado, pero eso no la ha ayudado. Principalmente está desconcertada por la fuerte reacción que está teniendo después de que su novio alemán rompiera con ella porque se iba de Estados Unidos.

SERENA: No es que fuéramos tan en serio. Simplemente no puedo dejar de llorar.

TERAPEUTA: ¿Has estado en terapia antes?

SERENA: Sí, fue aburrido. Juré que nunca más volvería a hacerlo.

- *En este breve intercambio, el terapeuta aprende algunas cosas importantes sobre Serena, que conceptualiza según el modelo IFS.*
  - *Serena tiene una parte que se siente muy triste, pero no tiene idea de por qué.*
  - *La relación con su novio alemán o bien era poco seria o bien una parte protectora está minimizando ahora su importancia.*
  - *Algo de la terapia que hizo en el pasado resultó tan insoportable que sus protectores juraron no dejarla volver a terapia nunca más.*

Cuando ella viene a la primera sesión, el terapeuta escribe todo esto en una pizarra para que puedan mirarlo juntos.

Las partes de Serena:	
No puedo dejar de llorar	La relación con mi novio no era importante
Desconcertada sobre por qué Serena está llorando	¡No iré a terapia nunca más!

Introducir el concepto de comunicación con las partes

TERAPEUTA: Has mencionado todos estos sentimientos y pensamientos. A menudo me doy cuenta de que cuando ponemos nuestra atención en ellos internamente y los escuchamos, podemos aprender cosas importantes sobre nosotros mismos. ¿Estás abierta a intentarlo? Mira qué parte necesita tu atención primero.

SERENA: ¿Por qué no puedo dejar de llorar?

Cambiar al lenguaje de las partes y pedir permiso para proceder

TERAPEUTA: Bien, comprobémoslo. Pregunta si alguna de estas otras partes tuyas se opone a que tú ayudes a la parte que no puede dejar de llorar.

- *Una vez que se ha escogido una parte diana, siempre es prudente pedir permiso primero a las otras partes antes de proceder.*

SERENA: Es un poco raro, pero oigo a alguien gritando: «¡No quiero estar aquí!».

Dar la bienvenida a todas las partes

TERAPEUTA: Tenías esa parte que juró que no volverías a ir a terapia, así que tiene sentido. ¿Quieres escuchar más?

- *Invitar a participar a las partes polarizadas (partes que pueden estar en desacuerdo) ayuda a prevenir cualquier impulso de sabotear la terapia que éstas puedan tener y también proporciona información crucial.*

SERENA: Supongo que sí.

TERAPEUTA: ¿Cómo te sientes con respecto a la parte que no quiere estar aquí?

SERENA: Me despierta curiosidad.

- *Esta actitud más abierta indica que podemos proceder.*

Recordar la parte diana

TERAPEUTA: Bien, primero digámosle a la que no puede dejar de llorar que volveremos a ella.

- *Al igual que con la terapia familiar, somos educados e incluimos a todas las partes.*

SERENA: Parece que el llanto está relacionado con la que no quiere estar aquí, pero no sé cómo.

TERAPEUTA: ¿Te gustaría saber cómo?

- *Así verificamos si sigue sintiendo curiosidad y si estará disponible para escuchar esta información.*

SERENA: Sí.

- *Serena ha experimentado un cambio y ha logrado sentir curiosidad hacia su experiencia interior y observarla sin demasiado miedo ni juicio.*

Establecer conexiones

TERAPEUTA: Pídele a la que no quiere estar aquí que te cuente más.

SERENA: Teme que me abrume.

- *Serena tiene una parte protectora que teme que darle atención a la parte que llora podría incitar a esta última a tomar el control, lo cual podría abrumar a Serena con una emoción negativa.*

TERAPEUTA: ¿Entiendes este miedo?

- *De nuevo comprobamos si Serena sigue disponible (lo suficientemente curiosa) para escuchar más sobre la parte que llora y que está afligida.*

SERENA: Tuve un accidente de coche cuando tenía cinco años. Mi madre murió. Pero no la recuerdo, así que nunca pienso en ello.

- *Serena ahora está empezando a ser consciente de sus partes en lugar de estar disociada o abrumada. Esta parte de 5 años de edad fue exiliada después de la muerte de su madre. Los protectores (otras partes) mantienen a la niña de 5 añitos fuera de su conciencia.*

TERAPEUTA: Podemos ayudar a la niña de 5 años a no tomar el control.

- *El terapeuta comienza a tranquilizar a los protectores de Serena asegurando que la niña de 5 años se puede separar para que ella pueda ser ayudada de forma segura.*

* * *

Después de esta primera reunión, el terapeuta es consciente de lo siguiente: Serena tiene una parte traumatizada: una niña de 5 años cuya vida fue trastocada por la violencia fortuita de la muerte de su madre en un accidente de coche. Partes protectoras han mantenido a esta niña de 5 años fuera de la mente. Y la parte que sacó a Serena de la terapia hace años no se siente segura con su regreso a la terapia ahora, debido al peligro de que la niña de 5 años angustiada la abrume emocionalmente.

Aunque el terapeuta sabe todo esto, queda mucho por descubrir: ¿qué creen tanto el sistema interno como el externo de Serena acerca de la muerte de su madre? Ella podría tener partes —o personas externas reales— que la hagan responsable. Podría tener creencias sobre Dios, el castigo, la seguridad y el destino. Podría tener partes que sientan la culpa del superviviente (la creencia, por ejemplo, de que sobrepasar a su madre en felicidad o longevidad sería una traición). O partes que sientan culpa por la separación (por ejemplo, la creencia de que hacerse mayor y dejar a su padre lo heriría). Esta evaluación inicial es sólo el principio. Hay mucho que aprender y la terapia en sí misma será el proceso de aprendizaje.

LOS OBJETIVOS DE IFS

Cada paso de esta terapia tiene un objetivo. En cada paso el terapeuta ayuda al cliente a ayudar a la parte. En **primer** lugar, los clientes ayudan a que sus partes protectoras se separen. **Segundo**, los clientes establecen una buena relación con sus partes protectoras y obtienen su permiso para ayudar a las partes heridas. **Tercero**, los clientes establecen una buena relación con las partes heridas, son testigos de sus experiencias y les ayudan a soltar sus creencias y estados de ánimo extremos y dañinos para que puedan sanar. Lograr este hito libera las partes protectoras, deja espacio para las partes sanadas y restituye al Self como líder del sistema interno.

Dos categorías de partes protectoras: proactivas y reactivas

Partes proactivas

Todas las partes protectoras están tratando de exiliar los poderosos sentimientos negativos y las creencias de las partes heridas con el objetivo de evitar más daños y mantenernos a salvo. Sin embargo, los protectores difieren en si son proactivos o reactivos en respuesta al dolor emocional.

Llamamos «directivos» a las partes proactivas porque tratan de gestionar nuestras vidas de distintas maneras que mantengan el dolor emocional fuera de la conciencia. A menudo se centran en motivarnos a mejorar, trabajar duro, ser productivos y ser socialmente aceptables. Llevados al extremo, sin embargo, estos propósitos pueden convertirse en tácticas como perfeccionismo, intelectualización, cuidar sin ser cuidado, obsesión por la apariencia, evitación de conflictos a un gran coste personal e intentos de controlar o complacer a los demás.

Partes reactivas

A los protectores reactivos los llamamos «bomberos» porque intentan distraer o detener el dolor emocional lo más rápido posible sin tener en cuenta las consecuencias. Estos protectores ven sus acciones de forma parecida a como nosotros concebiríamos un medicamento que salva vidas con terribles efectos secundarios: si lo necesitas, úsalo. Algunos ejemplos incluyen atracones, purgas, adicciones, entumecimiento, disociación y autolesiones, así como pensamientos y comportamientos relacionados con el suicidio.

UNA ADVERTENCIA SOBRE LOS PROTECTORES PROACTIVOS

Aunque los protectores proactivos (directivos) por lo general realmente parecen tener funciones más de gestión, cualquier comportamiento que se utilice para prevenir el dolor emocional es proactivo. Considera, por ejemplo, que la adicción y la disociación, conductas generalmente reactivas que sirven para distraernos de sentimientos negativos intensos, también se pueden utilizar para evitar tener sentimientos en absoluto. Si una persona pasa de beber compulsivamente a beber a diario, su comportamiento reactivo ha sido reclutado para hacer el papel proactivo de prevenir los sentimientos que la bebida suprime. Si una persona pasa de disociarse en respuesta a ciertos sentimientos a estar entumecida y desapegada todo el tiempo, su comportamiento reactivo también ha sido reclutado para el papel proactivo de la prevención. Los protectores extremos tienen más probabilidad de convertirse en proactivos de esta manera, en respuesta a la amenaza inminente de un desbordamiento emocional. En lugar de intentar controlar o gestionar protectores extremos, en IFS proponemos resolver el problema subyacente.

PARTES VULNERABLES: LOS EXILIADOS

Cuando los niños se sienten avergonzados (a menudo, pero no exclusivamente, en las relaciones con otros), las partes jóvenes vulnerables son particularmente propensas a desarrollar creencias abrumadoramente amenazantes como «Es imposible que nadie me ame, no me va a querer nadie» y «No valgo nada». Igualmente, cuando la experiencia es aterradora y supera nuestra capacidad de tolerancia, nuestras partes más vulnerables se sienten despojadas de importancia. Los protectores intervienen para mantener fuera de la conciencia sus creencias tóxicas, y, como resultado, las partes vulnerables terminan permanentemente solas, olvidadas y a menudo atrapadas en el pasado. Anhelan ayuda, pero cuando fuerzan su entrada en la conciencia con sentimientos, creencias, sensaciones y recuerdos negativos, los protectores los experimentan de nuevo como un peligro. Por otro lado, los terapeutas IFS saben que las partes exiliadas no son lo mismo que sus heridas, no son reducibles a ellas. Los clientes vienen a terapia con exiliados que se sienten miserables, pero sabemos que estas partes volverán a su estado natural de curiosidad, creatividad y alegría una vez que sean descargadas de sus creencias provenientes del trauma. Su vitalidad y capacidad de alegría desinteresada hacen una contribución única a lo que Marsha Linehan llama «una vida que vale la pena vivir» (1993).

DEFINIR EL SELF

El Self es el núcleo del equilibrio psíquico, la sede o el asiento de la conciencia y la fuente interna de amor. Todo el mundo tiene un Self. Así como la luz puede ser a la vez partícula y onda, el Self puede aparecer en la energía de ciertos estados de ánimo (curiosidad, calma, coraje, compasión, amor) o con el sentido de un individuo que está presente (Schwartz, 1995). Pero quizás la manera más simple de presentar el Self a los clientes es como «el tú que no es una parte» (y es la que utilizaremos a lo largo de este manual). Dado que las partes que se separan y entran en relación con el Self se sienten amadas —y el amor provee un permanente contrapeso al sentido de ser inaceptable—, la meta principal de IFS es el acceso al Self. Como una manera de ser y estar, la energía del Self nos ayuda a nosotros y a nuestros clientes a tomar una postura tranquila, curiosa y abierta hacia la experiencia interior. Para algunos individuos, esta práctica es de naturaleza espiritual, para otros simplemente funciona.

EL ACCESO AL SELF

Aunque las partes protectoras extremas pueden bloquear nuestro acceso a él, el Self no necesita ser cultivado o desarrollado. Algunas prácticas de meditación, la mayoría de las tradiciones espirituales, y algunos otros modelos de psicoterapia presentan un concepto de sabiduría y equilibrio nucleares similar al del Self, aunque usando un lenguaje diferente. Nuestro objetivo en IFS es que tanto el terapeuta como el cliente accedan a la energía del Self como onda y estén en relación con el Self como partícula. Como terapeutas, nuestra práctica es estar atentos a las necesidades de nuestras partes reactivas, pero separándonos de ellas y estando plenamente presentes con nuestros clientes.

Trauma severo y el Self

En casos de trauma severo, pensamos en términos de «el Self del sistema», es decir, el terapeuta y el cliente son un único sistema que tiene acceso a la energía del Self a través del Self del terapeuta. Los clientes que experimentan un trastorno de identidad disociativa (TID), por ejemplo, puede tener poco o ningún acceso al Self por meses o años, por lo que el terapeuta debe actuar como el Self del sistema terapéutico. A medida que se forman vínculos internos y las relaciones internas se reparan, los clientes ganan más acceso a su Self y el terapeuta puede desplazarse gradualmente hacia un papel más de apoyo. Cuando el cliente tiene suficiente acceso al Self y la batuta pasa del terapeuta al cliente, los protectores (que a menudo son de edad temprana y también están traumatizados) pueden necesitar que les aseguren que el terapeuta no desaparecerá.

Cuando un exiliado se encuentra con el Self y se enfada

A menudo al trabajar con traumas, cuando los protectores conceden por primera vez al cliente el acceso a la parte vulnerable que ha sido exiliada, ésta suele responder con desconfianza o ira.

- «¿Dónde has estado?».
- «Si tú existes, ¿por qué tuve que pasar por todo eso?».

Cuando este tipo de interacción ocurre al final de una sesión, comenzamos la siguiente sesión regresando a la misma parte y al mismo tema.

- ¿Esta parte quiere decir algo más al Self del cliente acerca de cómo se sintió al estar solo?
  - «¿Cómo fue sentirse abandonado?».
  - «¿Cómo es desear que este reencuentro hubiera ocurrido antes?».

En respuesta a estas quejas justificadas de una parte que se siente abandonada, nos tomamos tiempo para reparar la relación entre ella y el Self del cliente.

- «Me disculpo. No merecías que te dejaran solo. Siento mucho no haber podido llegar antes. ¿Cómo ha sido para ti?».
- «Estoy aquí para ti ahora. ¿Qué necesitas?».

PREMISAS EN IFS

1. Todas las partes tienen buenas intenciones, incluso las que se portan mal. Por lo tanto, comenzamos la terapia con una invitación radical: todas las partes son bienvenidas.
2. Nuestra respuesta psíquica al daño es predecible: cuando las partes vulnerables son heridas, otras partes asumen papeles protectores.
3. Las partes protectoras se comportan de formas predecibles, algunas de las cuales parecen patológicas.
4. Un sistema interno desestabilizado y perturbado puede reintegrarse y equilibrarse una vez que está en relación con el Self del cliente.
5. El Self no se crea ni se cultiva y no se puede destruir, sino que más bien es intrínseco y está presente desde el nacimiento.
6. Cada persona tiene un Self, y cada persona puede acceder al Self para sanar.

SECCIÓN 2
Evaluación y diagnóstico

EVALUACIÓN: PARTES VS. PATOLOGÍA

La evaluación de la salud mental se organiza normalmente en torno al diagnóstico de la patología, que se determina según listas de síntomas escogidos por comités de profesionales: trastorno bipolar, esquizofrenia, trastorno esquizoafectivo, depresión, TEPT, ansiedad, TOC, trastorno alimentario, adicción y una gran cantidad de trastornos de «personalidad» (Asociación Americana de Psiquiatría, 2013). La comprensión que tiene el modelo IFS de la psique orienta nuestra evaluación del funcionamiento y potencial de un cliente en una dirección diferente. La mente es plural, así que evaluamos las actividades de una mente plural. Al inicio de la terapia entendemos la queja o problemática presentada por el cliente como una parte y después pedimos permiso para hablar con cualquier otra parte que esté involucrada, les pedimos que se separen (o diferencien), cosa que genera espacio para el Self del cliente, para que podamos así explorar cómo las partes sirven al cliente (si son protectores) o (más tarde en la terapia) qué cargas llevan y qué necesitan (si son exiliados).

PRIMERO, ¿TU CLIENTE ESTÁ SEGURO?

Antes de hacer nada, sin embargo, queremos saber si el cliente está a salvo actualmente. Si no es así, nos ocupamos de la seguridad primero. Las personas traumatizadas que buscan terapia pueden carecer de los recursos económicos y sociales necesarios para estar seguros por un sinnúmero de razones. Evidentemente, la seguridad física (comida, refugio y sentirse a salvo de violencia) proporciona una buena base para poder indagar en nuestro interior. Esto no quiere decir que no podamos hacer el trabajo de partes si un cliente está en riesgo de desnutrición, sin refugio, sin atención médica o en una relación peligrosa.

Pero en estas circunstancias, buscamos los recursos apropiados (expertos en violencia doméstica, una casa segura, fuentes de alimentos y atención médica, etc.) para construir la seguridad externa mientras se establece una relación con el sistema interno notando las partes y estableciendo la intención de ayudarles. He aquí un ejemplo de una clienta que describe un incidente de violencia de pareja en el hogar.

JOSIE: Nos enzarzamos en una discusión y él me agarró del pelo y me arrastró por el dormitorio.

TERAPEUTA: ¿Ha pasado esto antes?

JOSIE: Una o dos veces.

TERAPEUTA: ¿Cómo es esto para ti?

JOSIE: Estoy dividida. El corazón se me sale del pecho y tengo miedo de hasta dónde podemos llegar. Pero al mismo tiempo me siento tan enfurecida que sigo gritándole.

TERAPEUTA: ¿Y qué le dices tú?

JOSIE: Oh, «Sé un hombre» y otras cosas similares que sé seguro que le van a enfurecer. Y le pego. Sé que no es inteligente hacer esto,wpero no me apetece parar.

TERAPEUTA: ¿Es el alcohol un factor?

JOSIE: Probablemente. Creo que nunca ha pasado si no hemos estado bebiendo.

TERAPEUTA: De acuerdo. ¿Puedo hacer algunas sugerencias?

JOSIE: Sí, por favor.

TERAPEUTA: Vamos a hablar de tu seguridad ahora mismo, cuando te vayas a casa. Primero, ¿se ha acabado? Ahora vamos a hablar sobre lo que suele pasar entre vosotros después de que os pongáis violentos. Vamos a hacer un plan para garantizar tu seguridad. Y te daré el número de la línea directa de emergencias de violencia doméstica para que puedas ejecutar el plan con ellos antes de que te vayas a casa. Después —y puede que tengamos que hacer esto la próxima semana— quiero hablar con todas las partes tuyas que están involucradas en esto para que podamos averiguar quién siente qué y quién piensa qué. ¿Qué te parece?

JOSIE: Me parece muy bien. Puedo notarlo, como si mi corazón estuviera un poco más tranquilo.

* * *

Después de esta conversación, la clienta y el terapeuta pueden establecer pautas para: a) evitar que haya más violencia, b) reducir la tensión, si es posible, y c) poner a su disposición otros apoyos, como un contacto con un refugio para personas que sufren violencia doméstica. Puede que en momentos de discusión acalorada, la clienta no consiga aún mitigar o disminuir la tensión durante un tiempo, hasta que esté más liderada por el Self; y también puede ser que su pareja haya demostrado una falta de voluntad o incapacidad para disminuir la tensión. Nuestro objetivo a largo plazo es que sus protectores se separen para que su Self pueda asumir el liderazgo tanto externa como internamente, pero esto lleva tiempo. Después de abordar cuestiones prácticas de seguridad, ayudamos a la clienta a que se involucre con su sistema interno de forma inclusiva, sin juzgar o exiliar ninguna parte, incluyendo las partes que están vinculadas a una pareja violenta, las que se sienten enfurecidas por esto y las que tienen diferentes opiniones sobre acerca de qué debería hacerse tanto a corto como a largo plazo.

HACER LA VALORACIÓN INICIAL EN IFS

Al principio de la terapia, antes de conocer al cliente, comprobamos su acceso a la energía del Self, indagando acerca de su experiencia interior: ¿cuán espaciosa es? ¿A qué velocidad va? ¿Cuán pesada se siente? ¿Cuán claro u oscuro es el interior? ¿Cómo de tranquilo o agitado? Para nosotros, estos estados —cuando no están gobernados enteramente por la biología— son resultantes de las relaciones internas. El modelo plural de la mente nos lleva a ser curiosos sobre la naturaleza instrumental de las relaciones internas del cliente. ¿Cómo se trata a sí mismo? ¿Puede ser amable consigo mismo o es acosado por la autocrítica o huye constantemente? Si es así, ¿por qué? ¿De qué manera resulta protectora esta autocrítica? ¿Qué función cumple la evitación dentro de su sistema? Confiamos en que su comportamiento sintomático tendrá sentido una vez que lo conozcamos lo suficiente como para verlo en el contexto de experiencias formativas.

En IFS, la evaluación nunca termina

Dado que nuestro objetivo general en IFS es mejorar el acceso al Self, que es nuestra brújula emocional e intelectual, comenzamos evaluando el nivel de energía del Self tanto en el cliente como en el terapeuta y continuamos haciéndolo durante toda la terapia. Para el terapeuta, evaluar la energía del Self significa, en primer lugar, ser consciente de nuestras partes a medida que se activan en respuesta a las partes del cliente. En segundo lugar, trabajamos con nuestras partes disparadas (o activadas) y las animamos a apartarse[5] un poco para que no se interpongan en el camino.

¿Necesitamos información sobre el pasado?

En una evaluación inicial, escuchamos cualquier historia que sea relevante para el problema que nos presenta el cliente, indagamos sobre su

5. En la literatura de los IFS se utilizan distintas expresiones, todas ellas de sentido similar, para pedir a una parte que deje espacio para el Self (*step back*): apartarse, separarse un poco, dar un paso atrás o a un lado, hacerse a un lado, hacer espacio, incluso relajarse. *(N. de la T.)*

historia y asumimos que, en algún momento durante la terapia, sus observaciones se remontarán a aprendizajes hechos en el pasado sobre peligro y seguridad. Aunque este camino será fundamental para su proceso, asumimos que no conocemos toda la historia al inicio de la terapia. Es más, no necesitamos esta información para hacer nuestro trabajo. Podemos ayudar al cliente independientemente de lo que nos cuente sobre los hechos de su pasado.

MODELO MÉDICO VS. MODELO DE LA MENTE

Además de trastorno por estrés postraumático (TEPT) y trastorno de identidad disociativa (TID), los supervivientes de trauma a menudo reciben un montón de otros diagnósticos incluyendo depresión, ansiedad, trastorno de personalidad límite, o algún tipo de adicción al alcohol, las drogas, el ejercicio o la comida (Herman, 1997; Herman y Van der Kolk, 1989). Estos diagnósticos se enumeran en el *Manual Diagnóstico y Estadístico de los Trastornos Mentales* o *DSM* (cuya última versión es el *DSM-5*®). La Asociación Americana de Psiquiatría (APA) desarrolló el *DSM* para dar un fundamento científico al tratamiento psiquiátrico. Dada su metodología —los diagnósticos del *DSM* se basan en listas de síntomas que son seleccionados periódicamente por comités de profesionales, elegidos por la APA—, este proyecto aún despierta controversia (Greenberg, 2013; Fisher, 2014). Sin embargo, debido a que los términos del *DSM* continúan siendo ampliamente utilizados, el enfoque del modelo médico se mantiene como una fuerte influencia en el campo de la salud mental.

UN ENFOQUE DISTINTO DEL TRAUMA

En IFS consideramos los diagnósticos del *DSM* simplemente como varias formas de describir los comportamientos de las partes activadas. Y en lugar de patologizar las conductas sintomáticas, las vemos como esfuerzos naturales para resolver problemas: para sobrellevar situaciones difíciles, mantenerse a salvo y sobrevivir. Los diagnósticos de trauma incluyen el trastorno de estrés postraumático (TEPT), el trastorno de identidad disociativa (TID) (Van der Kolk, 2011), ambos incluidos en el *DSM*, y el de trauma complejo o trastorno traumático del desarrollo (D'Andrea *et al.*, 2012; Van der Kolk, 2005; Van der Kolk, 2014), que también es ampliamente utilizado, incluso por la International Society for Traumatic Stress Studies (ISTSS).

A continuación presentamos de qué manera el modelo IFS concibe varios diagnósticos que a menudo se dan a individuos traumatizados antes de (o en lugar de, o además de) recibir uno de los diagnósticos más específicamente relacionados con el trauma que acabamos de mencionar.

- **Trastorno de personalidad límite (TPL):** Este diagnóstico ofrece un retrato de la mezcla sucesiva de exiliados (partes jóvenes desesperadas, rechazadas internamente, anhelando ser rescatadas y redimidas) y protectores; de forma más notoria (aunque no exclusivamente), los protectores que prohíben los riesgos de la intimidad y los que creen que morir es la única manera de acabar con el dolor emocional.
- **Trastorno de personalidad narcisista (TPN):** Este diagnóstico muestra los esfuerzos de un protector que trabaja muy duro sosteniendo un autorretrato idealizado como escudo contra las flechas de la vergüenza, principalmente de la vergüenza interior en respuesta a sentimientos de inadecuación.
- **Depresión:** Los trastornos del estado de ánimo son heredables, pero no todas las depresiones postraumáticas son evidencia de un trastorno del ánimo por causas genéticas. Dado que la depresión suprime las señales emocionales del cuerpo, amortiguando la experiencia física y emocional de una manera paralizante (incluso insoportable), un protector que amplifica la depresión generalmente tiene por objetivo inhibir, mientras que un exiliado que se siente deprimido está siendo inhibido.

- Para evaluar la situación del cliente, le preguntamos: «¿Es ésta una parte tuya que se siente deprimida (un exiliado) o es una parte protectora que está usando o magnificando la depresión por alguna razón?». La única manera de descubrir la función de cualquier parte que encuentres es preguntar.

- **Ansiedad:** Como indica la investigación sobre el carácter (Kagan, 2010), nuestros genes también pueden hacernos vulnerables a la ansiedad. Y, al igual que con la depresión, los protectores pueden empujar esta palanca para ejercer influencia.
  - «¿Se trata de una parte (un exiliado) que se siente ansiosa o de una parte (un protector) que tiene alguna razón para magnificar la ansiedad?». Muchas partes protectoras están arraigadas en el miedo y llevan algún porcentaje de miedo en ellos. De nuevo, para averiguarlo, preguntamos.
- **Trastorno obsesivo-compulsivo (TOC):** Las conductas del TOC generalmente están orientadas a controlar la ansiedad. En el caso de un trauma, la preocupación o repetición conductual del TOC sirve para distraer del dolor emocional.
  - Al igual que con la depresión y la ansiedad, para averiguar la función de un comportamiento o qué historia puede contar debemos preguntar.
- **Sociopatía:** A menos que la sociopatía sea un producto de daño cerebral, es una parte protectora (Schwartz, 2016). Con su enfoque telescópico y su determinación para suprimir la vulnerabilidad interna, los protectores sociópatas son paranoicos, extremos y rechazan tanto la empatía como la compasión, al entenderlas como una debilidad. Mientras las partes sociópatas protegen a los exiliados, a quienes ven como insoportablemente impotentes y tiernos, a menudo están polarizados con otros protectores a los que consideran débiles o cuidadosos. Sobre este tema, Schwartz escribió:
  - «Una parte perpetradora puede estar completamente mezclada todo el tiempo, en cuyo caso el individuo es probable que cumpla con los criterios para un diagnóstico de *DSM-5* de trastorno de personalidad antisocial. Cuando una parte perpetradora perma-

nece mezclada así todo el tiempo y el cliente no tiene acceso a otras partes, lo consideramos un directivo y no un bombero». (2016, p. 113)

Trastornos adictivos:

- **Drogas o alcohol:** El protector reactivo que usa drogas o alcohol para distraer la atención del dolor emocional también puede convertirse en un protector proactivo que los utiliza para evitar sentir nada en absoluto. Esta parte adicta no es un actor que actúa en solitario, sino que forma parte de una dinámica interior.
  - Cykes (2016) elucida la perspectiva del modelo IFS: «En lugar de definir la adicción como el comportamiento de una parte que está *acting-out*, lo defino como un proceso sistémico y cíclico que se caracteriza por una lucha de poder entre dos equipos de partes protectoras, cada uno de los cuales lucha valientemente por mantener un sistema interno equilibrado. Uno de los equipos es crítico y juzgador, el otro es impulsivo y compulsivo. Su lucha crónica y creciente tiene por objeto bloquear [...] el dolor emocional.» (p. 47)
- **Trastornos alimentarios:** Los trastornos alimentarios ilustran una polaridad protectora, con exceso en un polo e inhibición en el otro.
  - La **bulimia** ejemplifica ambos lados de esta polaridad.
  - La **anorexia** es un ejemplo de cuando la inhibición está al control.
  - Los **atracones de comida** ejemplifican cuando la desinhibición está al control.
  - El **exceso de ejercicio** es un ejemplo de cuando la inhibición está al control.

Catanzaro (2016) describe el enfoque que tiene el modelo IFS sobre los trastornos alimentarios: «Los protectores de los trastornos alimentarios siempre se polarizan en dos campos: partes que promueven la restricción y el control del cuerpo y partes que rechazan este control y presionan para que haya menos restricciones. Su tira y afloja priva al cliente de ser consciente de los intensos sentimientos y recuerdos negativos de las partes exiliadas. Aunque el diagnóstico específico de un individuo depende de qué partes dominan en un momento dado, el cuadro sintomático general, incluso si no parece obvio a partir de la apariencia física del cliente o su autoinforme, siempre implica esta dialéctica entre restricción y rebelión contra la restricción». (p. 51)

PRIORIZAR EL PROCESO SOBRE EL CONTENIDO EN LOS PRIMEROS PASOS

Hasta que lleguemos a uno de los pasos finales descritos más tarde como «el proceso de descarga», damos prioridad al proceso por encima del contenido: queremos saber acerca de las relaciones internas, los propósitos e intenciones y las creencias. Esto es muy diferente de un enfoque que busca llegar a una conclusión sobre el contenido (los síntomas del cliente) al principio de la terapia. Los tres escenarios siguientes ilustran cómo podría desarrollarse una sesión de IFS en respuesta a un cliente que quiere hablar del diagnóstico.

VISIÓN DEL CLIENTE SOBRE EL DIAGNÓSTICO

Escenario n.º 1

SIMON: Me pregunto si tengo esquizofrenia.

TERAPEUTA: Déjame asegurarme de que lo entiendo. ¿Tienes una parte que se pregunta si yo creo que tienes esquizofrenia?

SIMON: Sí. Se pregunta si piensas eso.

TERAPEUTA: ¿Alguna otra parte quiere participar en esta conversación?

SIMON: Lo preguntaré.

TERAPEUTA: ¿Notas a alguien más?

SIMON: Tengo una parte que no quiere oír todo esto. Está enfadada de que yo haya sacado el tema. Verás, continúo oyendo que estoy mentalmente enfermo, lo cual me hace querer beber.

Escenario n.º 2

TERAPEUTA: Déjame asegurarme de que lo entiendo. ¿Tienes una parte que se pregunta si yo creo que tienes esquizofrenia?

SIMON: No exactamente. Quiere saber si tú tienes suficientes pruebas para decir que soy esquizofrénico.

TERAPEUTA: ¿La parte estaría dispuesta a decir más?

- *Esta pregunta siempre es una buena opción cuando no estamos seguros de qué hacer a continuación.*

SIMON: La parte piensa que si yo tuviera un diagnóstico, yo podría mejorar.

TERAPEUTA: ¿Hay partes que no estén de acuerdo?

Escenario n.º 3

TERAPEUTA: Déjame asegurarme de que lo entiendo. ¿Tienes una parte que se pregunta si yo creo que tienes esquizofrenia?

SIMON: Hay una parte que se pregunta si confiar en ti o no.

TERAPEUTA: ¿Así que tienes una parte que quiere saber si soy digno de confianza?

SIMON: Sí.

TERAPEUTA: ¿Esta parte tiene una opinión sobre tu diagnóstico?

SIMON: Sí.

TERAPEUTA: ¿La parte estaría dispuesta a compartir qué opina?

SIMON: Si dices que tengo esquizofrenia esta parte no confiará en ti.

* * *

Como ilustran estos tres escenarios, cuando sentimos curiosidad por conocer la visión del cliente sobre el diagnóstico, somos capaces de conocer las discusiones internas del cliente y así evitamos ser reclutados en uno de los bandos de un acalorado desacuerdo (lo que llamamos «polaridad»).

EVALUACIÓN Y DIAGNÓSTICO EN IFS

En IFS acogemos los síntomas del cliente desde el inicio como la forma en que se presentan las partes protectoras y somos siempre conscientes de que las partes heridas han sido apartadas y exiliadas. Para evaluar y diagnosticar miramos las relaciones y motivos existentes en el sistema interno. Independientemente de los síntomas del cliente, asumimos la premisa de que hay una estructura psíquica predecible, comúnmente compartida, en la que los protectores tratan de ocultar la existencia de partes emocionalmente vulnerables y de protegerlas de ser lastimadas de nuevo. Finalmente, a pesar de toda la protección centrada en el daño pasado y futuro, también asumimos que el Self siempre está disponible para sanar viejas heridas y tomar el liderazgo en un mundo peligroso.

Aunque podemos traducir nuestras observaciones del cliente basadas en partes a diagnósticos del *DSM* para comunicarnos con otros profesionales y hacer facturas a la compañía de seguros, en IFS no formulamos el problema que presenta el cliente en los términos patologizantes del *DSM*. Más bien, exploramos las relaciones internas, investigamos la motivación y preguntamos por los miedos de los protectores, para poder descubrir cómo el sistema interno de este cliente en particular se corresponde con nuestro modelo básico de la psique (multiplicidad consistente en partes y Self, y afrontamiento del postrauma involucrando protectores y exiliados).

Ya desde el momento en que evaluamos las razones del cliente para venir a terapia y la demanda que nos plantea, comenzamos a establecer una buena relación con su sistema interno, afirmando las buenas intenciones de sus partes protectoras y ofreciendo presentar el Self a sus partes protectoras. Cuando sea apropiado, al cliente también le ofrecemos una hoja de ruta con nuestros objetivos:

- Ninguna parte tuya necesita ser exiliada o sacrificada.
- Tendrás la oportunidad de ofrecer una nueva solución a los problemas que tu sistema interno, trabajando duro, está tratando de resolver con estos comportamientos.

- Si tus partes aceptan esta oferta, su dolor emocional finalmente será sanado y se sentirán más libres.

PSICOLOGÍA Y BIOLOGÍA

A la vez que evaluamos las relaciones y las actividades de protección del sistema del cliente, también asumimos que el comportamiento sintomático puede derivarse de partes protectoras que utilizan vulnerabilidades biológicas (carácter, genética, el cuerpo) para ganar influencia. La mayoría de los problemas de salud mental tienen componentes tanto psicológicos como biológicos. En IFS estamos interesados en determinar la porción del problema que se produce por las partes motivadas y la porción enraizada en la biología. Sólo podemos hacerlo entrevistando a las partes. Dado que las suposiciones y generalizaciones pueden estar (y a menudo lo están) equivocadas, nos basamos en hacer preguntas.

Por ejemplo, una persona puede tener una parte que se sienta deprimida (un exiliado) como reacción a haber sido avergonzado implacablemente por un crítico interno, otra persona puede tener una parte que amplifica los síntomas de la depresión para hacerle quedar en casa y evitar asumir riesgos (un protector), mientras que la depresión de otra persona puede ser primordialmente biológica. Para saber quién está haciendo qué a quién y por qué razón debemos preguntar. En el ejemplo que se ofrece a continuación, un cliente reporta que ha tenido dolores en el pecho durante mucho tiempo sin un origen médico discernible.

SANAR SÍNTOMAS SOMÁTICOS

Encontrar

JAY: No siento nada.

TERAPEUTA: Cuéntame más.

JAY: Bueno, cuando tú me preguntas —tú o cualquier otra persona, incluyendo a mi esposa o a mis hijos— qué estoy sintiendo, no sé cómo responder. Parece que no siento las cosas como la mayoría de la gente las siente.

TERAPEUTA: ¿Quieres explorarlo?

- *Pedimos permiso.*

JAY: Sí.

TERAPEUTA: ¿Querrías cerrar los ojos? Bien. Ahora nota cualquier pensamiento, sentimiento, o sensación física que surja.

- *Empezamos por el cuerpo.*

JAY: De acuerdo.

- *Después de unos segundos, Jay abre los ojos.*

JAY (continuación): Soy consciente de dolores en el pecho.

Centrarse

TERAPEUTA: ¿Te apetece centrarte en eso para ver qué podemos aprender?

- *Pedimos permiso.*

JAY: He tenido dolores en el pecho durante años. Eso no es nada nuevo. He ido a varios médicos y siguen diciendo que no tengo nada malo. Una vez incluso pensé que tenía un ataque al corazón. Llamé a una ambulancia y me fui a urgencias. Aun así, no me encontraron nada malo.

- *Jay no tiene conocimiento de ninguna razón psicológica para este dolor, lo cual habla del alto nivel de protección que a menudo representa la somatización.*

TERAPEUTA: ¿Te apetece volver a poner la atención en tu interior e indagar sobre el dolor en el pecho? Creo que todas las sensaciones físicas contienen información importante para nosotros.

- *Pedimos permiso de nuevo.*

Describir

JAY: De acuerdo, lo intentaré.

- *Después de unos momentos.*

JAY (continuación): Me vi a mí mismo como un niño. Debe de tener 8 años.

- *Una parte está empezando a mostrarle a Jay sus experiencias; a esto lo llamamos «ser testigo».*

TERAPEUTA: ¿Qué es lo que viste?

JAY: El día que murió mi abuelo.

TERAPEUTA: Pareces desconcertado.

JAY: Lo estoy.

Establecer una buena relación

TERAPEUTA: ¿Estás abierto a ver más?

JAY: Sí.

- *Jay cierra los ojos y se queda callado. Las lágrimas brotan.*

JAY (continuación): El abuelo era muy importante para mí. Mi padre se fue cuando yo tenía 4 años, así que él me hizo de padre.

TERAPEUTA: ¿El dolor torácico está relacionado?

JAY: Sí. No sé cómo.

TERAPEUTA: ¿Estás abierto a escuchar más?

JAY: Ahora siento mucha curiosidad.

TERAPEUTA: Envía tu curiosidad al dolor de pecho y pregúntale qué es lo que quiere que tú sepas.

JAY: Suena raro, pero estoy comprendiendo que el dolor en el pecho me ayuda a no tener sentimientos.

- *El dolor de pecho es una parte protectora.*

Evaluar los miedos de los protectores

TERAPEUTA: Pídele que te cuente más sobre por qué es importante no tener sentimientos.

JAY: Estoy viendo el fuerte que construí en mi habitación. Era una cueva de mantas bajo un par de sillas. Solía entrar ahí cuando estaba disgustado.

TERAPEUTA: ¿Esto tiene sentido para ti?

- *Comprobación de la energía del Self hacia el chico.*

JAY: Totalmente.

TERAPEUTA: Hazle saber que estás entendiendo cómo se vincula todo esto.

Ser testigo de la experiencia del exiliado

JAY: Crecí en una familia a la que no le gustaban los sentimientos. Cuando el abuelo murió, mi madre dio una fiesta de cumpleaños para mi hermano mayor al día siguiente. Hizo un pastel, envolvió los regalos y puso la mesa. Su actitud fue: el espectáculo continúa.

- *Ahora Jay se está dando cuenta de lo extrema que fue esa experiencia para el niño y está hablando en primera persona, lo que indica que ve esta experiencia desde la perspectiva del niño. Aun así, esto no es lo que llamamos una experiencia «mezclada» porque el niño siente que Jay está allí con él, y el niño está mostrando al Self de Jay su vivencia con confianza.*

TERAPEUTA: ¿Cómo fue eso para él?

JAY: Confuso. Sabía que era una locura hacer una fiesta justo después de la muerte del abuelo. Sentí que el mundo se había acabado. Mi hermano se sentía desdichado. Ahora entiendo que el dolor en el pecho me ayudó a superar ese momento sin sentir esos sentimientos. Fue una gran distracción.

- *El dolor de pecho es una parte. Técnicamente, consideraríamos el dolor torácico como una parte protectora del niño: una subparte (las partes tienen partes). Pero como el niño y el Self de Jay están en sincronía, podemos tratar eficazmente el dolor de pecho simplemente como una parte.*

TERAPEUTA: ¿Cómo te sientes ahora hacia el dolor en el pecho?

- *Comprobación del nivel de energía del Self de Jay para este protector.*

JAY: Aprecio lo que hizo por mí. Realmente le gusta que yo lo esté entendiendo.

TERAPEUTA: Me pregunto si el dolor de pecho estaría interesado en no tener que trabajar tan duro.

- *Invitación a probar algo nuevo.*

JAY: Siento que está agotado.

TERAPEUTA: Si nos permite ayudar al niño que tiene esos sentimientos, podemos sacarlo del pasado.

JAY: Al chico le gustaría.

TERAPEUTA: Así que vamos a preguntarle al dolor de pecho si te va a permitir ayudar al niño.

- *Siempre pedimos permiso a las partes protectoras. Si nos olvidamos de hacerlo, van a irrumpir de todas formas.*

Ser testigo de la experiencia del exiliado de nuevo

JAY: Está bien. Puedo verlo dentro del fuerte, en mi habitación.

TERAPEUTA: ¿Cómo te sientes hacia él?

- *Comprobación de la energía de Self de Jay.*

JAY: Siento mucho amor por él ahora mismo.

TERAPEUTA: ¿Está recibiendo tu amor?

- *Comprobación de la conexión entre el chico y el Self de Jay.*

JAY: Guau, me está mirando y sonriendo.

TERAPEUTA: Genial. ¿Qué quiere que sepas?

JAY: Parece muy triste.

TERAPEUTA: ¿La intensidad del sentimiento te parece bien bien?

- *Comprobación de la reactividad de los protectores de Jay.*

JAY: Es un poco intenso.

TERAPEUTA: Hazle saber que estamos aquí para ayudarle con su tristeza. Y pídele que la comparta contigo un poquito cada vez para que no te sientas abrumado.

- *Negociamos que el exiliado no abrume.*

JAY: Está de acuerdo con eso.

TERAPEUTA: Bien. Sólo quédate con él y deja que te cuente lo que quiere que sepas.

- *Jay se sienta en silencio durante varios minutos, con lágrimas cayéndole por la cara mientras presencia el dolor del niño.*

JAY: Está muy triste. Está triste por la partida de mi padre, triste por la muerte del abuelo y triste porque mamá no pudo manejar los sentimientos.

TERAPEUTA: ¿Eso tiene sentido para ti?

JAY: Totalmente.

TERAPEUTA: ¿Hay algo más que quiera compartir?

JAY: Pienso que eso es todo.

- *Cuando un cliente usa la palabra «pensar», hay que considerar que una parte pensante puede haber intervenido, así que le pedimos al cliente que obtenga la respuesta directamente de la parte.*

TERAPEUTA: Pregúntale a él.

JAY: Dice que el dolor en el pecho empezó cuando el abuelo murió porque fue cuando estaba realmente solo, sin padre, ni madre y ahora sin abuelo.

TERAPEUTA: Guau. ¿Qué necesita de ti?

JAY: Sólo esto.

- *Estamos en silencio hasta que Jay se remueve en su silla.*

TERAPEUTA: ¿Está listo para abandonar ese tiempo? Puede venir al presente contigo o ir a algún lugar seguro.

JAY: Quiere estar conmigo.

TERAPEUTA: De acuerdo. ¿Estás en el dormitorio con él?

JAY: Lo estoy cogiendo en brazos.

TERAPEUTA: Genial. Llévalo al presente.

- *Esto se llama «recuperación». Pero no parece estar funcionando porque Jay ahora está frunciendo el ceño.*

TERAPEUTA (continuación): ¿Qué está pasando?

JAY: Creo que otra parte no quiere que me lo lleve.

TERAPEUTA: Pregunta por qué.

JAY: Solía callarme mucho cuando era niño. Parece esa parte.

TERAPEUTA: ¿La parte silenciosa también quiere venir? (Jay asiente.

Genial. Llévala hasta el presente con el chico, pero pídele que te dé unos momentos más con él. Podemos ayudarla después.

- *La parte silenciosa también protege al niño. Los protectores a menudo interfieren durante el proceso de descarga porque tienen miedo. Ya que Jay tiene mucha energía del Self y el niño está ansioso por recibir ayuda, el terapeuta promete a la parte silenciosa ayuda, pero se muestra firme en pedirle que espere primero.*

JAY: Vacila pero está dispuesto.

TERAPEUTA: Genial. Podrá ponerse en contacto con el chico muy pronto.

JAY: El chico me está abrazando muy fuerte ahora.

TERAPEUTA: ¿Te parece bien?

- *Comprobación de la energía del Self de Jay.*

JAY: Nos hace sentir muy bien a los dos.

TERAPEUTA: Excelente.

JAY: Ahora estamos en el dormitorio de mi hija en mi casa actual. Ahí es donde parece que quiere estar.

TERAPEUTA: ¿Te parece bien? Ahora pregúntale si te ha mostrado todo lo que necesita que sepas sobre esta experiencia.

- *Comprobamos si el proceso de ser testigo puede darse por terminado.*

JAY: Sí.

TERAPEUTA: ¿Está listo para soltar sus cargas?

- *Después de ser testigo, se comprueba si el exiliado está listo para «descargar» —o soltar— creencias tóxicas y sentimientos extremos.*

JAY: Sí.

TERAPEUTA: Vale. Que busque en su cuerpo y alrededor de él todos los pensamientos, sentimientos y sensaciones que esté listo para soltar. Puede hacerlo de la forma que quiera.

- *Invitamos a la parte exiliada a tomar todas las decisiones.*

JAY: Quiere quemarlos en una hoguera.

TERAPEUTA: De acuerdo. Avísame cuando termine.

JAY: ¡Es tan liberador!

TERAPEUTA: Maravilloso. ¿Cómo le está yendo?

JAY: Es feliz. Quiere jugar.

TERAPEUTA: Ahora vamos a contactar con el dolor en el pecho y la parte silenciosa y con cualquiera que haya estado protegiendo al chico. Invítales a que echen un vistazo.

JAY: Están sorprendidos de lo feliz que se ve al niño ahora mismo.

TERAPEUTA: ¿Se dan cuenta de que está a salvo contigo? Bien. ¿Qué necesitan?

JAY: Curiosamente, el dolor de pecho quiere hacer algo físico como ir en bicicleta. Y la parte silenciosa quiere meditar.

TERAPEUTA: Suena bien. ¿Te parece bien? Entonces deberían hacer precisamente eso. ¿Te ocuparás del niño hasta que nos volvamos a ver la semana que viene, contactando con él brevemente todos los días?

JAY: Definitivamente.

* * *

Como vemos, la distracción de los síntomas somáticos ha protegido a Jay del dolor emocional durante muchos años. Por muy efectivo que sea a corto plazo sustituir un tipo de dolor por otro, manejar el dolor emocional de esta manera es claramente una solución «joven». El dolor físico es desconcertante, alarmante y agotador y no apaga el ruido de fondo del dolor emocional. Las acciones protectoras suelen ser jóvenes de esta manera: empiezan jóvenes, son jóvenes cognitivamente y continúan refiriéndose a las circunstancias (a menudo severamente) limitantes de la infancia.

LOS BENEFICIOS DE IFS PARA EL TERAPEUTA

Si encuentras que ir a trabajar como terapeuta es agotador, preocupante y remueve demasiado tus propios miedos, sentimientos de inadecuación y vergüenza, IFS —en nuestra experiencia— puede ofrecer alivio.

- El terapeuta IFS no tiene que hacer la interpretación correcta, pensar en las tareas, presionar a los clientes para que se enfrenten al pasado o juntar de nuevo información y personalidades fragmentadas.
- Tenemos una hoja de ruta para todos: acceder al Self. Aunque conocemos los pasos que normalmente nos ayudan a llegar allí, nuestro GPS es siempre la energía de Self. Cuando nos sentimos perdidos o perplejos, volvemos a esa fuente, aprovechando nuestra curiosidad sobre lo que podría estar sucediendo en ese momento y recurriendo a la creatividad cuando las sesiones se salen de los caminos trillados (Krause, Rosenberg y Sweezy, 2016).
- Puesto que consideramos que la «resistencia» es una información que guía de manera crucial y no luchamos contra los protectores extremos, el enfoque IFS generalmente evoca poca transferencia negativa («Estamos contentos de que usted haya venido. ¿Qué quiere que sepamos?»).
- El foco del modelo IFS en ayudar al cliente a manifestar energía del Self alienta más la conexión que la dependencia.
- El enfoque no patologizante ayuda a nuestros clientes a acceder a un estado abierto, compasivo, curioso y conectado, con el corazón abierto. Cuanto mayor sea su acceso a este sabio coterapeuta —el Self—, más continua será su sensación de seguridad y confort.
- Tenemos la oportunidad de estar con nuestros clientes en el mismo estado abierto, compasivo, curioso y conectado, con el corazón abierto.
- Somos más conscientes de nosotros mismos al extender la curiosidad hacia las partes nuestras que disparan nuestros clientes.
- A medida que nos diferenciamos de nuestras partes y accedemos al Self, nuestro proceso paralelo es la invitación más importante que podemos ofrecer para que el sistema del cliente asuma riesgos y pruebe algo nuevo.

SECCIÓN 3

Terapia y ejercicios

IFS, que desde el inicio explícitamente acogen y tratan con los síntomas (o, en el lenguaje de IFS, con los protectores), son por lo general una forma acelerada de terapia. La postura abierta y de aceptación del modelo IFS promueve la seguridad interior, lo que permite acceder pronto a la vulnerabilidad. A medida que las partes protectoras empiezan a sentirse reconocidas y vistas por el Self del cliente —lo que puede ocurrir en dos o tres sesiones— tienden a relajarse, y un cliente con, por ejemplo, depresión leve o moderada puede experimentar un alivio significativo.

En el Estudio de IFS sobre Trauma Complejo, sólo uno de un total de 13 sujetos aún cumplía los criterios para un diagnóstico de TEPT después de 16 semanas de terapia IFS. Dicho esto, los protectores pueden tardar de semanas a meses a dar permiso al Self del cliente para estar con las partes heridas, dependiendo de la gravedad del daño y el nivel de habilidad del terapeuta. Una vez concedido el permiso, sin embargo, el proceso por el cual el Self del cliente es testigo de las experiencias de la parte herida y le ayuda a descargar la carga normalmente se completa entre una y tres sesiones.

El modelo IFS se ha utilizado de manera efectiva en una amplia variedad de condiciones de salud mental, incluyendo, aunque no limitándose, a: trauma, disociación, depresión, pánico, ansiedad, trastornos alimentarios, adicciones, TOC, TDA, trastorno bipolar, trastornos de personalidad y esquizofrenia. Es eficaz en adultos, niños y personas con necesidades especiales como el autismo. Se ha adaptado para terapia de pareja, terapia de grupo, terapia infantil y terapia familiar. La principal reserva es la seguridad: si el entorno de vida del cliente es sumamente peligroso o inseguro, animar a las partes protectoras a relajarse para que pueda conectarse con la vulnerabilidad (partes heridas, exiliadas) podría hacer que el cliente estuviera menos seguro. En este caso nos centramos en la seguridad en primer lugar.

CAMBIAR A IFS CON UN CLIENTE QUE YA ESTÁ HACIENDO OTRA TERAPIA

La mayoría de los terapeutas conocen IFS cuando ya tienen clientes con terapias en curso y son expertos en al menos otro enfoque terapéutico. Si éste es tu caso, te sugerimos que pienses cuál de tus clientes está más abierto a probar algo nuevo y que luego le presentes el modelo junto con una invitación para probarlo. Esta invitación podría ser algo como lo que sigue.

TERAPEUTA: ¿Recuerdas que fui a esa formación hace un par de semanas para aprender sobre este nuevo tipo de terapia? Me impresionó. Pensé en ti y me pregunté si te gustaría probarlo.

LINA: ¿Por qué pensaste en mí?

TERAPEUTA: Sería más fácil para mí explicarlo si te cuento más sobre el enfoque. ¿De acuerdo?

LINA: Claro

TERAPEUTA: Para mí, lo mejor de esta terapia, que se llama sistemas de familia interna o IFS para abreviar, es que se focaliza en las muchas cosas distintas que suceden en nuestro interior, cosas de la cuales hablamos mucho aquí en terapia. Por ejemplo, tú tienes esa parte que realmente quería tener un hijo antes de que fuera demasiado tarde y también tienes una parte impaciente que puede sentir decepción con Mickey, como cuando él era un bebé con cólicos y ahora cuando llega a casa de preescolar y se comporta como un niño necesitado aferrándose a tu pierna. ¿Verdad? Y luego tienes una parte que se siente culpable por tu impaciencia. Esa parte te llama mala madre y dice que nunca deberías haber tenido un hijo. ¿Verdad?

LINA: Sí, pero ya sabemos todo eso. Entonces, ¿qué cambia con esta nueva terapia?

TERAPEUTA: Te voy a decir lo que es diferente, y que yo desconocía. En vez de hablar de estas partes, de hecho podemos hablar con ellas. ¿Quieres probarlo?

LINA: No lo sé. ¿Voy a ser tu conejillo de indias?

TERAPEUTA: Indudablemente vas a ser mi conejillo de indias. Pero no te lo sugeriría si no pensara que tú puedes sacar algún provecho de esto.

LINA: Si hablo con estas partes y me contestan, tal vez nunca se callen y eso hará que mi vida sea incluso peor.

TERAPEUTA: Puedo entender esa preocupación. Mira, aunque estoy aprendiendo, esta formación en IFS es experiencial y yo mismo la hice durante días. Escuché a mis partes y hablé con ellas y nos comunicamos entre nosotros. Imagina por un momento que de niña hubieses ido a terapia de familia con tus padres y hermanas. Si te hubiesen dado la oportunidad de hablar y te hubieran escuchado y dado el reconocimiento que tanto necesitabas, ¿esto te habría hecho más o menos capaz de escucharles?

LINA: Más.

TERAPEUTA: Sí. Pues es lo mismo para las partes. Resulta que, al igual que la gente, quieren ser escuchadas y quieren que se respeten sus preocupaciones. Esto las hace más capaces de hablar por turnos, no menos.

LINA: ¿Me lo vas a mostrar ahora?

TERAPEUTA: Sí. Te lo mostraré. Y como tú eres la experta en ti misma, si quieres podemos aprender juntos.

* * *

Como ilustra este ejemplo, los clientes (y sus partes) tienen expectativas acerca de la naturaleza y el propósito de la terapia y generalmente tendrán preocupaciones legítimas sobre cambiar de orientación. Schwartz llama a los terapeutas IFS «vendedores de esperanza» porque, desde el principio hasta el final de una terapia, estamos vendiendo a las partes la idea de que estamos intentando algo nuevo. Este papel es particularmente importante si queremos persuadir a nuestros clientes para que prueben IFS.

EMPEZAR TERAPIA IFS CON UN NUEVO CLIENTE

De vez en cuando, los clientes buscan un tipo específico de terapia como IFS, pero con mayor frecuencia llegan a terapia porque quieren sentirse mejor. Al principio de la terapia, algunos clientes sólo quieren ver si encajan bien con el nuevo terapeuta; otros llegan a terapia con algunas preguntas preparadas sobre la orientación teórica y el estilo del terapeuta. Después de que les hablemos sobre IFS, puede que estos últimos clientes acepten la idea de la multiplicidad psíquica. Pero también puede que se sientan desconcertados o preocupados. La idea de que las partes son normales, pero que algunas han sido heridas mientras que otras protegen —y que todas tienen buenas intenciones— tiende a ser novedosa. Cuando animamos a los clientes a «ir a su interior», escuchar sus partes y conectarse con su Self, algunos se mostrarán recelosos mientras que otros simplemente estarán dispuestos a probar. Según nuestra experiencia, cuanto más practicamos, más nos acostumbramos a una gama de respuestas y más cómodos nos sentimos respondiendo de acuerdo a las necesidades individuales del cliente.

INTRODUCIR CONCEPTOS CLAVE DE IFS AL EMPEZAR CON UN NUEVO CLIENTE

He aquí un ejemplo de cómo se puede hablar de las partes y del Self cuando se empieza con un nuevo cliente que quiere que le orientes sobre tu enfoque terapéutico.

TERAPEUTA: Encantado de conocerte, Logan. Dime por qué estás aquí y cómo puedo ayudarte.

LOGAN: La escuela ha sido un fastidio últimamente. Mis clases son más difíciles este semestre y me siento estresado y abrumado. Aunque mi novia sigue tratando de ayudarme a escribir artículos, nos peleamos todo el tiempo. Todo esto me enfada mucho.

TERAPEUTA: La situación no parece fácil. Me alegro de que estés aquí.

LOGAN: Sí, mis padres han estado insistiendo en que vaya a terapia y averigüe qué es lo que me pasa, qué está mal.

TERAPEUTA: Bueno, déjame decirte de antemano que no creo que haya nada mal en ti. Lo que he escuchado es que estás en una posición difícil y que intentas ayudarte a ti mismo lo mejor que puedes.

- *El terapeuta mantiene una visión no patologizante de la angustia de Logan.*

LOGAN: ¡Gracias! Eso es lo que pienso. Entonces, ¿qué es lo que haces?

TERAPEUTA: Mi enfoque de la terapia se llama sistemas de familia interna, o IFS.

LOGAN: Mi novia estudia psicología. ¿Qué es IFS?

TERAPEUTA: Bueno, el modelo IFS es muy diferente. En mi experiencia, la mejor introducción es la experiencia directa. Puedo enseñártelo.

LOGAN: ¿No puedes contarme nada?

TERAPEUTA: Claro que puedo. Este enfoque de la terapia dice que todos tenemos muchas partes diferentes. Por ejemplo, soy diferente aquí, en el trabajo, de como soy en casa cuando juego con mis hijos o como soy cuando estoy corriendo una carrera con amigos. Estas partes son como diferentes aspectos de mi personalidad. Y también tengo muchas más. ¿Entiendes lo que quiero decir?

LOGAN: Supongo.

TERAPEUTA: ¿Quizás ayudaría si te dijera lo que he entendido sobre tus partes? Porque en esto todos somos iguales. Todos tenemos partes. Por ejemplo, has hablado de una parte que se siente abrumada y estresada por la escuela, y una parte que se pelea con su novia y generalmente parece enfadada todo el tiempo. Además, mencionaste tener una parte que no está de acuerdo con tus padres en que hay algo que está mal en ti. Y claramente tienes una parte que estaba dispuesta a venir a terapia a pesar de que no estás de acuerdo con tus padres. ¿Es eso cierto?

LOGAN: Sí.

TERAPEUTA: Así que todos tenemos partes y nuestras partes asumen ciertas funciones y responsabilidades para ayudarnos a pasar por momentos difíciles. Y esto es lo que hace diferente al modelo IFS. Podemos hablar con tus partes directamente, si quieres.

- *El terapeuta deja la decisión de si proceder o no en manos de LOGAN, pidiendo permiso de facto para proceder.*

LOGAN: Suena bien. Pero me temo que si pienso demasiado en todo esto, estaré más desanimado cuando me vaya.

- *Aunque una parte ahora está intrigada, otra —una parte preocupada— habla.*

TERAPEUTA: Entiendo. No quiero que te vayas de aquí sintiéndote más desanimado. ¿Puedo decirte una cosa más que podría ayudar?

LOGAN: De acuerdo.

TERAPEUTA: Además de muchas partes, todos tenemos la fuerza interna para superar los momentos difíciles. Así que en el fondo diría que tú ya sabes lo que es mejor y que tienes los recursos internos para manejar esta situación. Estos recursos incluyen un tipo de sabiduría interna que es tu Self nuclear: el Logan que no es un parte. Puedo ayudar a que tus partes se reúnan con Logan si quieren.

- *El terapeuta introduce la idea del Self.*

LOGAN: No creen que lo que dices sea verdad.

TERAPEUTA: Me alegro de que hayan dicho lo que piensan, porque no quiero que me crean sólo porque yo lo digo. Y quiero que sepan que conocer al Logan que no es parte no significaría que ellas tuvieran que cambiar o renunciar a algo, sólo se trataría de saber qué les puede ofrecer Logan.

LOGAN: De acuerdo, lo intentaré.

TERAPEUTA: Bien, empecemos con una parte. ¿Quién necesita tu atención primero?

- *Debemos tener siempre una parte diana.*

LOGAN: ¿Qué tal la que está estresada en la escuela?

TERAPEUTA: Bien. Dirige tu atención hacia el interior, puedes cerrar los ojos si quieres, o no. Luego nota dónde encuentras esa sensación de estrés en tu cuerpo o a su alrededor.

LOGAN: En mi estómago. Me siento algo mareado todo el tiempo.

TERAPEUTA: ¿Cómo te sientes ante esa sensación de mareo?

LOGAN: Honestamente, ojalá se detuviera. Sé que puede que no saque sobresalientes, pero me gustaría terminar este trimestre sin perder la cabeza.

- *Ésta es otra parte.*

TERAPEUTA: Entones, parece que hay otra parte, la que quiere que el estrés se detenga, que tiene un punto de vista importante. Pero ¿estaría dispuesta a dejarte escuchar a la parte estresada primero si le pedimos a esta última que no te abrume?

- *El terapeuta le pide permiso a esta otra parte para proceder con la parte diana.*

LOGAN: De acuerdo.

TERAPEUTA: Bien. ¿Cómo te sientes hacia la parte estresada ahora?

- *Como ilustramos a lo largo de este manual, «cómo te sientes hacia la parte» es una pregunta clave para evaluar cuán abierto está el cliente a escuchar a la parte diana, que es lo mismo que determinar el nivel de energía del Self del cliente.*

LOGAN: Bueno, es un poco curioso. Sé que la escuela es un asco en estos momentos, pero ya he pasado por esto antes. ¿Por qué debería hacerme sentir tan mareado y enojado ahora?

- *La respuesta de Logan muestra que ahora está suficientemente abierto y compasivo como para escuchar.*

TERAPEUTA: ¿Cómo responde la parte?

LOGAN: Está gritando. ¡No puedes suspender!

TERAPEUTA: ¿Te apetece escuchar más?

LOGAN: Sí.

TERAPEUTA: ¿Estaría dispuesta a hablar en lugar de gritar?

- *El terapeuta comienza a normalizar la comunicación entre el cliente y sus partes: no es necesario gritar. Cuanto más disponible esté el Self de Logan, más calmada estará esta parte.*

LOGAN: Sí, si yo escucho.

TERAPEUTA: ¿Estás listo para escuchar?

- *El terapeuta no da esto por sentado, está comprobando si otras partes están dispuestas a dejar que Logan escuche a la parte de la angustia.*

LOGAN: Sí.

TERAPEUTA: De acuerdo. Hazle saber a la parte que estás dispuesto a escucharla y que por lo tanto no necesita gritar. Pídele que te cuente más sobre por qué no puedes suspender.

* * *

Logan quiere un marco conceptual, así que el terapeuta introduce los conceptos básicos de IFS. El cliente, a su vez, ha sido capaz de sentir curiosidad por su vivencia actual, que ha sido muy negativa y preocupante. No todas las primeras sesiones llegarán tan lejos, y está bien que así sea. El ritmo indicado en IFS va a depender de las necesidades, la voluntad y el permiso de las partes protectoras: vamos tan rápido como ellas nos permitan.

CONVENCER A UN NUEVO CLIENTE QUE NO ESTÁ INTERESADO EN LA TEORÍA DEL MODELO IFS

He aquí un ejemplo de cómo empezar con un nuevo cliente que no pide información sobre la orientación terapéutica del terapeuta. El cliente siente mucho dolor emocional, pero como creía que debía ser capaz de «resolverlo» por sí mismo, había estado evitando la terapia.

TERAPEUTA: Bienvenido, Rory. Por teléfono me explicaste que las cosas no han ido muy bien entre tú y tu novia, que tenéis una hija de 3 años y que ambas se han ido a vivir con la madre de tu novia al estado de Washington por un tiempo indefinido. También dijiste que has estado teniendo problemas para dormir, lo cual interfiere con tu capacidad para concentrarte en el trabajo. ¿Cuál de estas necesidades necesita tu atención primero?

RORY: Realmente pensé que podría manejar todo esto por mí mismo, debería ser capaz de hacerlo. No quería ver a un terapeuta.

TERAPEUTA: ¿Deberíamos prestar atención a eso?

RORY: Supongo que sí.

TERAPEUTA: A ver, déjame ver si lo entiendo bien, ¿una parte de ti pensó que deberías ser capaz de manejar estos problemas por ti mismo, pero otra parte te instó a buscar ayuda?

RORY: Sí.

TERAPEUTA: ¿Qué parte necesita tu atención primero?

RORY: La parte que cree que debería hacerlo por mi cuenta es muy fuerte ahora mismo.

TERAPEUTA: ¿Dónde la notas en tu cuerpo o alrededor de él?

RORY: En mi cabeza.

TERAPEUTA: ¿Cómo te sientes hacia ella?

RORY: Estoy de acuerdo con ella.

TERAPEUTA: Suena como si en este momento estuvieras viendo las cosas a través de los ojos de la parte que piensa que deberías ser capaz de manejar todo esto solo. Pero también sabemos que tienes esa otra parte, la que cree que está bien que busques ayuda. ¿Dónde está ahora mismo?

RORY: Aquí afuera.

- *Rory agita su mano detrás de su cabeza.*

TERAPEUTA: Ya veo. Está orbitando a tu alrededor. ¿Estaría dispuesta la que está en tu cabeza a hacer espacio para ti en el interior?

RORY: Sí.

TERAPEUTA: Así que hay un Rory ahí dentro que tiene algo de sabiduría y puede ser muy útil. Con tu permiso, me gustaría presentártelo. ¿Te parece bien? Bien. Ahora pídele a la parte que dice que deberías hacer esto tú solo que se relaje un momento y no piense, que simplemente escuche... ¿Qué es lo que oyes?

RORY: Sé que siempre debo ser fuerte e independiente, pero está bien que esté aquí. Necesito ser un buen padre. Esto es importante y tengo que hablar de ello.

TERAPEUTA: ¿Ésa es la parte que te trajo aquí?

RORY: Creo que sí.

TERAPEUTA: Pregúntalo.

RORY: Sí.

TERAPEUTA: ¿Todavía está ahí fuera orbitando?

RORY: Ahora está más cerca.

TERAPEUTA: ¿Estaría dispuesta a dejarte hablar primero con la parte que se opone a que estés aquí?

RORY: De acuerdo.

TERAPEUTA: Entonces, ¿cómo te sientes ahora hacia la parte que piensa que deberías hacerlo solo?

RORY: Saturado.

TERAPEUTA: ¿Esta parte haría espacio para ti?

RORY: ¿Cómo puedo saberlo?

TERAPEUTA: Simplemente pregunta.

RORY: No oigo nada, pero siento un poco más de espacio en mi interior.

TERAPEUTA: Genial. Agradéceselo. ¿Cómo te sientes ahora?

RORY: Sé de dónde salió esto. Mi padre cree que la gente que necesita ayuda es débil.

TERAPEUTA: Hazle saber a esta parte lo que has comprendido y pregúntale si lo has entendido bien.

RORY: Sí.

TERAPEUTA: ¿Qué necesita de ti?

RORY: Quiere que me encargue de este lío con Susan y sea un buen padre.

TERAPEUTA: ¿Eso tiene sentido para ti?

RORY: Para eso estoy aquí.

* * *

Rory vino a terapia porque estaba perdiendo su relación y a su hija, pero no todas sus partes estaban de acuerdo con esta decisión. El terapeuta le ayudó a darse cuenta del desacuerdo interno de sus partes y a empezar a relacionarse con ellas sin entrar a explicar la teoría del modelo IFS. Algunos clientes piden saber más mientras que otros simplemente se involucran y empiezan a practicar cómo relacionarse con las partes sin pensar en ello.

EL PAPEL DEL LENGUAJE

Si un cliente se opone al uso de la palabra «parte», podemos designar las partes perfectamente usando cualquier palabra que el cliente utilice: estoy enfadado, enloquezco, tengo miedo, me siento totalmente desanimado, etc. La clave de la terapia IFS es nuestra confianza en el modelo, por eso enfatizamos que el terapeuta obtenga experiencia personal de primera mano en formaciones IFS y terapia IFS. Como consejo general, es mejor que los principiantes empiecen con los clientes que son razonablemente estables y que podrían estar interesados en el modelo.

DEJAR A LOS PROTECTORES AL DESCUBIERTO

Y una última advertencia sobre el lenguaje: a veces aparece una parte a la que no le gusta en absoluto ser «descubierta» en terapia. Debemos ser cuidadosos y respetar a estas partes preguntándoles si están dispuestas a hablar. Aquí hay un ejemplo:

PARTE DEL CLIENTE: No soy una parte. Marc no tiene partes.

TERAPEUTA: Vale. Si tuviera partes, ¿sería un problema?

PARTE DEL CLIENTE: Lo sería si las tuviera.

TERAPEUTA: ¿Puedo preguntar cuál sería el problema?

PARTE DEL CLIENTE: En primer lugar, es enfermizo. Y, segundo, nadie me avisó.

TERAPEUTA: ¡Ya veo! Eso es cierto. Me disculpo. No quise asustarte. Tienes razón en que nadie preguntó si estaría bien hablar de las partes. Debería haber preguntado, pero antes de hacerlo, quiero que sepas que no considero que tener partes sea una enfermedad. Desde mi punto de vista, todos tenemos muchas partes y eso es una buena cosa. Así que ahora, si te parece bien, te preguntaré. ¿Podemos hablar de esto?

- *Aquí el terapeuta pasa a hablar directamente con la parte que está dentro de Marc.*

PARTE DEL CLIENTE: Puedes contar más.

TERAPEUTA: Bueno, según mi experiencia, yo tengo partes y todos los demás también. Así que si Marc tuviera partes estaría totalmente dentro de la normalidad. Pero si hablamos o no de partes depende de ti y de él.

- *El terapeuta habla directamente con esta parte protectora (refiriéndose a Marc en tercera persona) para tranquilizarlo de que no está intentando patologizar a Marc.*

* * *

Como vemos en esta interacción, además de guiar al cliente para que hable con las partes, siempre podemos hablar con las partes directamente cuando sea necesario, una técnica llamada acceso directo.

TERAPIA INFORMADA EN EL PROCESAMIENTO DE TRAUMA

A diferencia de la mayoría de las terapias informadas en el procesamiento de trauma, IFS no se dividen en fases que se centran en la regulación del afecto y las habilidades interpersonales y que preceden a la revisión e integración de los recuerdos traumáticos. En su lugar, «IFS parte de la premisa de que las partes psíquicas constituyen una comunidad interna motivada y con un propósito que no necesita ser gestionada. Ofrecemos a esta comunidad nuestro interés y curiosidad; a cambio, las partes explican por qué creen que su comportamiento, que puede parecer consistentemente irracional y destructivo para el observador, beneficia al cliente». (Anderson y Sweezy, 2016).

Sin embargo, sí tenemos una metodología y unos objetivos: ayudar a los protectores, ayudar a los exiliados y armonizarlos a todos en el sistema interno con el liderazgo del Self. Si pensamos en un exiliado y en los protectores que lo rodean como constituyendo una sola colmena mental (de la cuales hay muchas), vemos que los protectores, que están tremendamente dispuestos a sacrificarse por la seguridad y el bien común, son las abejas obreras de la psique, mientras que el exiliado es su reina cautiva. En IFS ayudamos a estas colmenas psíquicas una a una y nuestros primeros pasos (descritos más adelante como «los 6 Pasos») implican establecer una buena relación con las abejas obreras.

LOS PROTECTORES MARCAN EL RITMO

La terapia IFS empieza siguiendo los 6 Pasos (p. 73) con las partes protectoras, después de los cuales pasamos a los «pasos sanadores», consistentes en presenciar y descargar a los exiliados. Para ganarnos la confianza del sistema interior, a menudo tenemos que repetir varias veces todos los pasos descritos a continuación, a veces durante semanas o meses, antes de que las partes protectoras nos den permiso para comunicarnos directamente con un exiliado. Cuanto más traumatizado esté el sistema, más puede tardar este proceso.

EMPEZAR A CONOCER TU PROPIO SISTEMA PRIMERO

Antes de escoger por primera vez una parte diana, te recomendamos que saludes a todo tu sistema interno. Aquí hay dos ejercicios y una meditación para que te presentes a tus partes.

- El primero consiste en acoger a todas las partes.
- El segundo tiene como objetivo ayudar a acceder a la energía del Self con protectores que se han vuelto impopulares en el sistema.
- La tercera propuesta es una práctica de meditación para adentrarte en tu interior, notar tus partes y estar disponible para ellas. Cada persona experimenta sus partes de manera diferente, generalmente a través de uno de los sentidos. Las partes pueden mostrarnos un pensamiento, un sentimiento o una sensación. Algunas personas oyen a sus partes, otras las ven, mientras que otras sienten a sus partes emocional o físicamente.

TODAS LAS PARTES SON BIENVENIDAS

La simplicidad del credo de IFS «todas las partes son bienvenidas» puede ocultar el coraje y la energía del Self requeridos para acoger a todas las partes. Como Schwartz escribió en 2013:

> El terapeuta liderado por el Self está extendiendo implícitamente una invitación al cliente: «¡Todas las partes son bienvenidas!». Y de los rincones más oscuros de sus psiques acuden los aspectos ocultos de los clientes en toda su gloria loca. Y eso es algo bueno. La realidad ineludible de la terapia es que si hacemos bien nuestro trabajo, algunos

> clientes harán todo tipo de cosas provocativas [...]. Se resistirán, se enfadarán y serán críticos, se volverán enormemente dependientes, hablarán incesantemente, se comportarán peligrosamente entre sesiones, mostrarán una vulnerabilidad intensa, nos idealizarán, se atacarán a sí mismos y mostrarán un asombroso narcisismo y egocentrismo. (Schwartz, 2013, p.11).

La capacidad de recuperar la presencia compasiva frente a los protectores extremos o exiliados de un cliente es la condición *sine qua non* para ser un buen terapeuta IFS. Los protectores no necesitan que señalemos que sus intentos de protegerse del dolor son siempre fracasos costosos. Ellos lo saben. En lugar de insistir en los efectos de su trabajo, les preguntamos sobre sus objetivos. ¿Qué quieren para el cliente? Y apreciamos sus buenas intenciones así como todo su arduo trabajo.

Ejercicio

TODAS LAS PARTES SON BIENVENIDAS

INSTRUCCIONES: En IFS nuestro credo es: ¡Todas las partes son bienvenidas! He aquí un ejercicio que te ayudará a acoger a todas tus partes.

Dirige tu atención hacia tu interior y comienza con este ofrecimiento:

«Quiero ayudar a cualquiera que necesite ayuda. Para hacer eso, necesito conoceros a todas».

A continuación, proporciona esta información:

«Si me abrumáis, no puedo estar ahí para ayudaros».

Y haz esta petición:

«Por favor, quedaos aquí conmigo en vez de tomar el control sobre mí y, cuando estéis listas, hacedme saber quiénes sois. Yo voy a tomar nota».

Escribe las partes (pensamientos, sentimientos o sensaciones) que escuches, veas o sientas en tu interior (usa más hojas si es necesario):

Ejercicio

LLEGAR A CONOCER PARTES IMPOPULARES

INSTRUCCIONES: Cuando elegimos una parte diana, necesitamos el permiso *de facto* de todas las demás partes para poder comunicarse con ella. Para saber quién puede objetar, preguntamos al cliente «¿Cómo te sientes hacia esta parte?». A medida que localizamos las partes reactivas, tratamos de persuadirlas de que se separen (es decir, se diferencien) y procedemos con la parte diana. Algunas partes diana son particularmente extremas e impopulares y despertarán una gran reacción. Éste es un ejercicio para conocer partes impopulares.

Busca una parte diana, apúntala (utiliza hojas extra para dibujarla si lo deseas):

Nota cómo te sientes hacia esta parte y haz una lista de cada sentimiento:

Si estás haciendo esto solo, encarna cada parte reactiva, permitiéndole a la parte hacer (dirigiendo tu postura y tus movimientos) y decir lo que desee a modo de presentación.

ENTONCES PREGÚNTALE A LA PARTE: «¿Por qué te sientes de esta manera hacia (la parte diana)?».

UNA VEZ QUE TÚ LO HAYAS ENTENDIDO, PREGUNTA: «¿Confías en mí para que yo pueda llegar a conocer (la parte diana) y pueda ayudar con este problema?».

SI LA RESPUESTA ES NO, PREGUNTA: «¿Estás dispuesta a permitirme conocerte mejor?».

SI LA RESPUESTA ES SÍ, dale las gracias a la parte y pasa a la siguiente parte, hasta que tengas permiso de todas ellas.

VUELVE A LA PARTE DIANA Y PREGUNTA:

- «¿Me has visto negociar con esas partes que reaccionan tan fuertemente a ti?».
- «¿Cómo ha sido eso para ti?».
- «¿Qué quieres que yo —y esas partes— sepamos sobre tu trabajo y sobre cómo estás tratando de ayudar?».
- «¿Qué pasaría si dejaras de hacer este trabajo?».
- «Si pudiéramos ayudar a esa parte, ¿necesitarías seguir haciendo esto?».

Por último, deja clara la intención de volver y ayudar con el problema subyacente (la parte) que este protector ha mencionado.

Meditación

IR AL INTERIOR PARA IDENTIFICAR PARTES

INSTRUCCIONES: Sigue las indicaciones y ajústalas según sea necesario. Es posible que desees escribir o registrar lo que notes.

- Colócate en una posición cómoda.
- Nota tu espalda contra la silla, tus pies en el suelo y tu contacto con la tierra.
- Cierra los ojos y respira profundamente un par de veces si te sientes cómodo. Nótalo.
- Dirige tu atención a tu interior y nota cualquier pensamiento, sentimiento o sensación que aparezca.
  - Puede que notes sensaciones físicas, algunas pueden ser placenteras, otras, desagradables.
  - Puede que notes un sentimiento o muchos sentimientos.
  - Puede que escuches un pensamiento o muchos pensamientos que compiten entre sí.

– Puede que notes oscuridad o niebla en tu interior. No hay problema.

- Quizá notes que tu mente quiere distraerte y desviar tu atención de esa sensación, sentimiento o pensamiento.
- Sé curioso sobre cualquier cosa que notes.
  – ¿Qué quiere eso que tú sepas?
  – ¿Qué está haciendo por ti?
- Si puedes, envíale gratitud por haberse mostrado, incluso si lo que has notado es negativo.
- Nota cómo la parte responde a tu gratitud.

Cuando estés listo, vuelve a la habitación. Observa cómo cambia tu energía cuando centras tu atención internamente por unos minutos. ¿Estás más tranquilo, más apaciguado o quizás más agitado?

LOS 6 PASOS: LOS PASOS QUE UTILIZAMOS PARA AYUDAR A LAS PARTES PROTECTORAS A DIFERENCIARSE DEL SELF

Los primeros tres pasos (encontrar, centrarse y describir) implican ayudar a las partes a separarse.

1) ENCUENTRA la parte en el cuerpo o alrededor de él.
   - ¿Quién necesita tu atención ahora mismo?
   - ¿Dónde la notas?
2) CÉNTRATE en ella.
   - Dirige tu atención a tu interior.
3) DESCRIBE la parte.
   - ¿Puedes ver la parte?
     – Si es así, ¿qué aspecto tiene?
   - Si no, ¿cómo la experimentas?
     – ¿Cómo es eso?
   - ¿Cuán cerca estás de ella?

4) ¿Cómo te SIENTES hacia la parte?
   - Esta pregunta es nuestro contador Geiger de energía del Self. Cualquier respuesta que no esté en el campo de juego de las 8 C significa que hay una segunda parte influenciando nuestros pensamientos.
     - Le preguntamos a esta segunda parte si está dispuesta a relajarse para que podamos hablar con la parte diana.
     - «Si no está dispuesta a relajarse», le preguntamos qué necesita que sepamos.
     - Este proceso puede llevarnos a una segunda (o tercera, o cuarta...) parte diana.
   - Las partes reactivas a menudo necesitan sentirse escuchadas y validadas. Nos quedamos con ellas hasta que estén dispuestas a dejarnos conocer a la parte diana.
   - Una vez que aceptan, le preguntamos al cliente, «¿Cómo te sientes hacia la parte (diana) ahora?».
5) ESTABLECE UNA BUENA RELACIÓN con la parte averiguando más sobre ella.
   - El quinto paso implica conocer la parte diana y desarrollar una buena relación con ella. Esto construye relaciones internamente (del Self a la parte) y externamente (de la parte al terapeuta).
     - «¿Cómo consiguió la parte este trabajo?».
     - «¿Cuán eficaz es su trabajo?».
     - «Si la parte no tuviera que hacer este trabajo, ¿qué preferiría hacer?».
     - «¿Qué edad tiene?».
     - «¿Qué edad cree la parte que tienes tú?».
6) ¿Qué TEME esta parte?
   - «¿Qué quiere para ti?».
   - «¿Qué pasaría si dejara de hacer este trabajo?».

Esta pregunta clave revelará cualquier polarización escondida. «Si dejo de sentirme ansioso, temo que la parte suicida tome el control». O revelará al exiliado que protege. «Si dejo de sentirme ansioso, me temo que Jane se sentirá sola y sin valor».

PARA CONOCER A LOS PROTECTORES DE TU CLIENTE: UTILIZA TANTO LA COMUNICACIÓN INTERNA COMO EL ACCESO DIRECTO

Nuestro objetivo en este manual es facilitar tu capacidad para detectar y hablar con las partes protectoras. En las próximas dos secciones ilustramos cómo combinar los 6 Pasos con las dos estrategias principales que tenemos para comunicarnos con las partes: la «comunicación interna» (es decir, la comunicación entre el Self del cliente y las partes del cliente, también conocida como *insight*) y «acceso directo», un método esencial para aquellos momentos en los que los protectores no se sienten lo suficientemente seguros para separarse y permitir la comunicación interna. Probamos primero la comunicación interna porque incorpora al Self del cliente más rápido. Pero cuando la comunicación interna no es posible porque el cliente no tiene acceso al Self internamente, entonces usamos el acceso directo en su lugar. En ambas secciones ofrecemos ejemplos de casos comentados, ejercicios para que practiques personalmente y con los clientes, y la neurociencia relevante.

COMUNICACIÓN INTERNA VS. ACCESO DIRECTO

Comunicacion interna (o *insight*)	**Acceso directo**	**Un problema**
Partes del cliente	Partes del cliente	Partes del cliente
Self del cliente		
Self del terapeuta	Self del terapeuta	Partes del terapeuta

Más adelante en el manual ilustramos el «proceso de descarga», que implica una serie de pasos a través de los cuales el Self del cliente acompaña a los exiliados. Sin embargo, si una parte exiliada surge en cualquier momento mientras estás buscando o hablando con protectores, te recomendamos encarecidamente que no intentes utilizar IFS. Los pasos en falso con los protectores pueden ser reparados con una combinación de preocupación genuina, interés en lo que pasó y una voluntad de disculparse. Los pasos en falso con los exiliados, sin embargo, ponen el sistema protector en alerta máxima y pueden costarle al cliente mucho tiempo, energía y sufrimiento. Si te encuentras con partes vulnerables y heridas, te instamos a que continúes con tu enfoque terapéutico habitual hasta que tengas una formación más reglada en el modelo IFS (ir a Self-Leadership.org para ver pociones de formación).

DECONSTRUIR LOS 6 PASOS PARA DIFERENCIAR PARTES

Separación en los tres primeros pasos

En IFS pretendemos convencer a los protectores para que se diferencien (se separen) y permitan que el Self del cliente acceda a las partes vulnerables y las cure. Los dos casos siguientes ilustran cómo lo hacemos, encontrando una parte diana, centrándonos en ella y describiéndola; todo lo cual anima a la parte a separarse (hacer espacio para el Self del cliente) para que podamos proceder con la comunicación interna (en la que el Self del cliente habla con la parte).

AYUDAR A UN PROTECTOR A SEPARARSE EN TRES PASOS

Los padres de Alice estaban infelizmente casados, eran egoístas y descuidados con ella. Al ir a trabajar, sus padres a menudo las dejaban a ella y a su hermana menor solas en varias bases militares. Cuando tenía 4 años, un amigo de su padre las visitó cuando estaban solas y abusó de ella en el baño de su propia casa. Además, su abuela materna, extremadamente religiosa, violenta verbal y físicamente, vivió con su familia de vez en cuando a lo largo de su infancia y las aterrorizaba. Los protectores principales de Alice incluían una parte crítica dura, una parte bulímica y otra disociativa.

Encontrar una parte diana

TERAPEUTA: ¿Cuánto de tu tiempo y espacio mental va a la parte crítica?

ALICE: Oh, él se queda con la mayor parte. Como el setenta por ciento. Y la niebla se queda con el resto. La parte que hace cosas con la comida no está tanto en mi cabeza, sólo come.

- *El cliente designa un género para la parte crítica.*

Centrarse en la parte

TERAPEUTA: Supongo que el crítico tiene una gran influencia en la niebla y en la parte que come. ¿Están de acuerdo?

ALICE: Sí.

TERAPEUTA: ¿Hablamos con el crítico primero, entonces?

- *Pedimos permiso.*

ALICE: No es divertido.

TERAPEUTA: ¿Entonces a otras partes no les gusta?

- *Reconocemos y mostramos curiosidad por las relaciones internas.*

ALICE: Le tienen miedo.

TERAPEUTA: Eso tiene sentido. ¿Te dejarían hablar a ti con él?

- *Afirmamos que el cliente tiene un Self (lo indicamos al decir «a ti»).*

ALICE: De acuerdo.

Describir la parte

TERAPEUTA: ¿Dónde notas al crítico?

ALICE: En mi garganta.

- El crítico de Alice, un directivo, vive en su garganta. La niebla y la parte de los atracones la distraen de las críticas vergonzosas del crítico. Son partes bomberas.

* * *

Aquí hay otro ejemplo de los pasos Encontrar, Enfocarse y Describir una parte protectora.

Encontrar

TERAPEUTA: Escucho que tienes una parte que está enfadada con tu novia y otra parte que tiene miedo de perderla.

ENZO: Sí.

TERAPEUTA: ¿Quién necesita tu atención primero?

ENZO: La enojada.

Centrarse

TERAPEUTA: Ve a tu interior y observa dónde se encuentra el enojo, en tu cuerpo o a su alrededor.

ENZO: En mis brazos y manos.

Describir

TERAPEUTA: ¿Qué más notas?

ENZO: Es como un boxeador. Está en esa postura de «estoy listo y con guantes» delante de mi cara.

- *Enzo encuentra en sus brazos y manos a un bombero que reacciona a las críticas de su novia.*

* * *

Como ilustran estos casos, encontrar una parte, centrarse en ella y describirla son pasos que fomentan la separación, sin la cual no es posible la comunicación interna entre el Self del cliente y las partes.

AYUDAR A LAS PARTES A SEPARARSE: ALGUNAS TÉCNICAS DE EXTERNALIZACIÓN

Se podría escribir un libro entero sobre este tema, por lo que las ideas que enumeramos a continuación no son exhaustivas. La externalización ayuda a las partes a diferenciarse. Mientras que muchos clientes son capaces de dirigir su atención hacia adentro y obtener suficiente separación de las partes para comunicarse con ellas, algunos clientes, especialmente aquéllos con historia de trauma, al principio son bloqueados de forma muy importante por los protectores y se distraerán o disociarán cuando se les invite a prestar atención a su experiencia interna. Para ellos, la externalización puede ser una opción particularmente útil y puede hacerse con una gran cantidad de objetos; invita a tu imaginación y creatividad.

Así como las personas diferimos en el uso de accesorios externos, te recomendamos que juegues con las diferentes opciones de externalización para ver cuál te encaja mejor. También es buena idea preguntar a nuestros clientes por sus intereses y habilidades creativas. A los bailarines les puede gustar usar el movimiento, ya sea literal o imaginado; los artistas visuales pueden querer dibujar, pintar o esculpir con masilla o arcilla; los artistas que trabajan con telas pueden querer coser o tejer, etc.

Y, por supuesto, terapeutas que dibujan, pintan, esculpen, bailan o practican otras formas de movimiento consciente pueden estar particularmente interesados en facilitar estas actividades, y ser buenos en ello, a los clientes que estén abiertos a probar algo nuevo (tengan formación o no) (McConnell, 2013).

Algunos terapeutas de IFS utilizan una pizarra, especialmente al principio de la terapia cuando el objetivo es conseguir conocer a los protectores. Ilustrar las relaciones internas tiene varios efectos beneficiosos: a medida que la complejidad del mundo interno del cliente se exterioriza y se hace más tangible en el tablero, él nota, escucha, reflexiona y conecta. Esta exploración es una puesta en escena respetuosa de la curiosidad, una invitación abierta al sistema del cliente a ser visto y entendido. También ilustra la ubicuidad de las polaridades y da al terapeuta una oportunidad de honrar los esfuerzos de equilibrar el sistema que hacen ambas partes de un conflicto, a la vez que se formulan algunas preguntas de suma importancia: «A quién protege esta parte? ¿Qué pasaría si la parte dejara de proteger de esta manera?». Estas preguntas revelan al exiliado que está siendo protegido.

Cuando los protectores están muy decididos a distraer, los juguetes de la bandeja de arena (que pueden encontrarse en mercadillos y pueden utilizarse con la bandeja de arena o sin ella) pueden ayudar al cliente a participar de manera juguetona. Cuando una parte se representa a través de una figurita pequeña como una presencia externa —una presencia pequeña— sus rasgos exagerados pueden ser temibles, divertidos o tristes sin ser atemorizantes o abrumadores. Los monstruos se vuelven manejables y son invitados a hablar, los bebés de cualquier especie pueden ser acunados en la palma de la mano y se puede jugar con ellos en el regazo.

EXTERNALIZAR PARTES

Tom creció en un complejo de viviendas para personas con bajos ingresos. Era el menor de tres hijos, su madre tenía dos trabajos y su padre, un alcohólico que trabajaba en el servicio postal, volvía a casa sólo de vez en cuando. Cuando lo hacía, la madre de Tom se peleaba con él verbalmente y a veces físicamente hasta que se iba de nuevo. En las raras veces que Tom encontraba a su padre sobrio, veía a un hombre frío y ansioso que no lo tocaba. Por contra, su padre borracho, a quien veía más a menudo, era divertido y cariñoso.

Mientras tanto, los hermanos mayores de Tom y otros niños del vecindario se metían con él porque era pequeño para su edad. Cuando Tom vino a terapia cobraba un subsidio por incapacidad, estaba «limpio», no había consumido heroína durante los últimos cuatro años y se vestía como si fuera miembro de una pandilla de moteros.

Tom vino a terapia porque su psiquiatra se lo pidió. A menudo llegaba tarde y frecuentemente se perdía la mitad de la sesión. Se sintió abrumado por el programa de formación en *counselling* sobre temas de alcohol al que estaba asistiendo. Y como estaba luchando contra los impulsos de consumir, tenía miedo de que si iba a Alcohólicos Anónimos o a Narcóticos Anónimos haría contactos para conseguir drogas. Sus partes no se separaban, así que la mayoría de las sesiones consistían en que el terapeuta usaba acceso directo para hablar con sus partes. Después de tres meses dijo que se sentía peor después de las sesiones y que no estaba seguro de que continuar fuera una buena idea porque el impulso de consumir heroína se hacía cada vez más fuerte.

TERAPEUTA: Gracias por hacérmelo saber. ¿Podemos repasar todo esto? En las sesiones hablamos con la parte que quiere que vayas a un centro de meditación, la parte que te hace dormir todo el día, la parte que piensa que suspenderás las clases y la parte que come mucha comida basura. Todas estas partes piensan que eres ese chico solitario que se lo pasa mal en la escuela y que recibe las burlas de los otros niños. Y no creen que haya un Tom ahí dentro que tiene fuerza interna y que no es una parte, ¿verdad? Mientras tanto, el tipo que consume heroína te dice que él sabe cómo parar todo esto. Es una apuesta segura. Lo ha hecho antes. Tengo una pregunta para él. ¿Estaría dispuesto a intentar algo nuevo primero? Si está dispuesto, quiero que sea el primero en conocerte a ti, al Tom que no es un parte.

- *Tom se queda en silencio, mirando por la ventana durante unos momentos.*

TOM: A regañadientes.

- *El terapeuta arrastra dos mesas pequeñas frente a su silla y coloca una bandeja de figuras de juguete sobre las mesas.*

Encontrar, centrarse y describir una parte todo en uno

TERAPEUTA: Pídele a la parte que usa heroína que elija a alguien de aquí para que lo represente.

- *Tom mira las figuritas cuidadosamente. El abanico de figuras va de monstruos y crías de animales, hasta niños y bebés humanos. Tom elige la figura de un monstruo con la boca muy abierta y sus brazos agitándose al aire para intimidar.*

TOM: Éste es él.

TERAPEUTA: Ponlo en la mesa donde él quiera estar. ¿Cómo te sientes hacia él?

TOM: Me asusta. Y me gusta mucho.

TERAPEUTA: Deja que estas dos partes escojan figuras para que las representen también.

- *Tom escoge dos figuras: un cordero y una mujer alta cuyos miembros están cosidos. Parece un cruce entre Frankenstein y un zombi.*

TERAPEUTA (continuación): ¿Dónde quieren estar mientras hablas con él?

TOM: Esta parte quiere estar detrás de mí.

- *Pone el cordero fuera de la vista a su espalda en la silla.*

TOM (continuación): Esta parte quiere estar a su lado.

- *Tom coloca a la mujer Frankenstein zombi junto al monstruo.*

Sentir hacia

TERAPEUTA: ¿Cómo te sientes hacia el tipo de la heroína?

TOM: Triste. Ha hecho mucho daño, pero sé que sólo intentaba ayudar.

TERAPEUTA: ¿Cómo responde él?

TOM: Está perplejo. No sabe quién soy.

Establecer una buena relación

TERAPEUTA: Tal vez le interese saber que tú puedes ayudar a esa parte que él protege.

TOM: Dice que he hecho un trabajo de mierda hasta ahora.

TERAPEUTA: Puede que también le interese esto: cuando una parte toma el control sobre ti, no puedes estar ahí para ayudar. Para que puedas ayudar, todas las partes tienen que estar de acuerdo en darte espacio. ¿Estaría dispuesto a ser el primero en intentarlo? Si cualquier otra parte interviene, también le pediremos a ella que haga espacio para ti.

TOM: Se pregunta cuál es tu juego.

TERAPEUTA: De acuerdo. Es una pregunta justa. Hazle saber que no estamos tratando de deshacernos de él. Mi objetivo es que todas tus partes se sientan mejor, incluido él. Podría dejar de hacer todo esto y hacer otra cosa, lo que él quisiera. ¿Le gustaría?

TOM: Podría gustarle.

TERAPEUTA: ¿Nos dejaría mostrarle lo que es posible?

TOM: Lo intentará mientras sepamos que no está dispuesto a marcharse.

TERAPEUTA: Genial. ¿Tenemos su permiso para preguntar quién necesita tu atención primero?

- *Pedimos permiso.*

TOM: Sí.

* * *

Al encontrar y centrarse en su parte vulnerable, un exiliado, así como en su receloso protector que consumía heroína, un bombero, Tom fue capaz de ayudar a esta última parte a empezar a separarse, lo que le ayudó a establecer una buena relación con él y a conseguir su permiso para proceder.

Como ilustra esta viñeta, externalizar las partes las anima a separarse y a notar el Self del cliente. Los terapeutas de IFS a menudo encuentran maneras de adecuar de forma creativa sus estrategias de externalización. Pueden utilizarse, entre otras opciones, coloridas bufandas, almohadas de varias formas y tamaños, animales de peluche, o platos de papel en que la identidad de una parte pueda ser escrita. Cuando se trata de externalizar partes, tenemos la oportunidad de ser creativos e inventar nuevas opciones.

Ejercicio

ENCONTRAR, CENTRARSE Y DESCRIBIR UNA PARTE DIANA

INSTRUCCIONES: Este ejercicio te guía a través del proceso de localizar una parte diana. Puede que desees grabar las instrucciones que aparecen a continuación en un teléfono u otro dispositivo para poder escucharlas. Empieza dirigiendo tu atención hacia tu interior.

- Respira y ve despacio.
- Recuerda a tus partes que hay espacio para todas.
- Nota las sensaciones, sentimientos y pensamientos.
  – Pregunta:

«¿Quién necesita mi atención?».

Toma nota:

___

___

- Continúa observando, se paciente y observa lo que aparece.
- Nota si cualquier sensación, sentimiento o pensamiento se está descartando internamente como insignificante o irreal.

Si es así, empieza a tener curiosidad por conocer a la parte que está tratando de dirigirte así. Toma nota:

___

___

Si no es así, elije como punto de partida lo que te venga primero a la mente. Fíjate dónde notas esa parte (sensación, sentimiento, pensamiento) en tu cuerpo o alrededor de tu cuerpo.

- ¿Estás viendo a la parte?
- ¿La sientes?
- ¿La escuchas?

- ¿La percibes de alguna otra manera?

Escribe lo que notes:

____

____

____

____

RECORDAR LA PARTE DIANA DE LA SEMANA ANTERIOR

Ya sea que estemos al principio de una terapia o a mitad de camino, deberemos repetir varias veces los pasos de encontrar, centrarse en y describir las partes diana. Sin embargo, dadas las arbitrarias limitaciones de tiempo que tenemos en una sesión de terapia, una vez que la terapia ya ha empezado y vemos al cliente de semana en semana, es posible que no podamos acabar de ayudar a una parte determinada en una sola sesión y tengamos que volver a ella en la siguiente sesión. Si no conseguimos hacerlo, se puede interrumpir el flujo de la terapia y ponemos en riesgo la capacidad de los protectores de desarrollar confianza. Ser coherente es tan importante en una terapia IFS como lo es en la vida de los niños.

Acordamos volver a la parte conjuntamente con el cliente. Ya que los protectores que protegen del dolor a menudo hacen que los clientes olviden el contenido de las sesiones, podemos invitarlos a grabarlas y escucharlas durante la semana. Pero de todas formas, el cometido de recordar lo hecho anteriormente al comienzo de la siguiente sesión nos corresponde a nosotros, así que tomamos notas. Si el cliente continuamente trae una parte diferente cada semana y se opone a regresar a la misma parte diana de la sesión anterior, proponle de hacerlo de todos modos. Si el cliente sigue insistiendo en cambiar de tema, indaga por qué ocurre y haz saber a la parte anterior que volveremos a ella más tarde. Las partes involucradas se percatarán de ello. Cuando actuamos de forma fiable, nos ganamos su confianza.

SER CONSECUENTE Y REGRESAR A UNA PARTE DE LA SESIÓN ANTERIOR

TERAPEUTA: ¿Hay algo de lo que necesitemos hablar antes de volver a la parte que se sintió tan criticada por tu abuela?

MEGAN: Oh, sí. Lo olvidé.

- *Un protector.*

TERAPEUTA: ¿Recuerdas que acordamos volver a ella?

MEGAN: ¿Lo hicimos? Ahora mismo siento que todo eso está bastante lejano. Tuve una discusión con Billy y no sé si debería volver a salir con él. Siento que esto es mucho más importante ahora mismo.

- *Un protector quiere cambiar de tema.*

TERAPEUTA: Entiendo por qué sientes que esto es importante. ¿Qué tal si dividimos el tiempo de la sesión y comprobamos primero cómo está la niña de diez años con la que estuvimos hablando en la sesión anterior?

- *Negociamos.*

MEGAN: No creo que haya tiempo suficiente para todo. Realmente necesito reflexionar sobre mi relación con Billy.

- *Un protector.*

TERAPEUTA: Puedo entenderlo. Pero hay un problema. Si no cumples las promesas, tus partes no confiarán en ti. Así que quiero abogar por hacer ambas cosas.

- *Validamos y luego explicamos a este protector que es importante que nos permita volver a la parte de la sesión pasada.*

MEGAN: Sabes, sólo oigo «¡Es una mala idea!».

TERAPEUTA: ¿En serio? ¿Podemos preguntar por qué? ¿Qué puede pasar si esta parte te deja hablar ahora con la criatura de diez años de la semana pasada?

- *Exploramos los miedos de los protectores.*

MEGAN: Me sentiré abrumada. Tengo mucho que hacer esta semana en el trabajo.

TERAPEUTA: Si la niña de diez años acepta no abrumarte, ¿podríamos volver a hablar con ella?

- *Abordamos ese miedo.*

MEGAN: Vale, sólo si ella está de acuerdo en no abrumarme.

* * *

Megan había estado hablando con un exiliado la semana anterior (la niña de diez años). Un protector que temía que Megan se sentiría abrumada por los sentimientos de la parte exiliada había tomado el control a lo largo de la semana y era reacio a dejar que continuase esta línea de trabajo.

Ya que el protector estaba preocupado por el desbordamiento emocional y trataba de evitar que Megan regresara a la parte diana de la sesión anterior, el terapeuta tuvo que ser educado pero persistente, explorando la resistencia y abordando la preocupación del protector. Si no lo hubiese hecho así, la parte diana de la sesión anterior se habría sentido abandonada.

PONER AL DÍA A LOS PROTECTORES EN EL PROCESO DE SEPARACIÓN

Trabajamos para revertir la parentalización de las partes jóvenes. Estas partes, que han sido investidas con un sentimiento duradero de responsabilidad por la vulnerabilidad exiliada en sus cuidadores adultos, pueden no ser capaces de concebir a un adulto responsable y al principio a menudo desconfiarán profundamente del cliente (y del terapeuta) como adultos. Por lo tanto, hacemos hincapié en nuestra intención de restaurar el orden de los cuidados que fue invertido en el pasado. Con el objetivo de ayudar a los protectores a soltar las responsabilidades que los oprimen y a volver a ser niños, a menudo nosotros:

1. Preguntamos a los protectores qué edad creen que tiene el cliente (la respuesta suele ser de un dígito).
2. Guiamos al cliente para que corrija esta idea presentándole a la parte el Self del cliente.
   a. «Hazle saber a la parte que ya eres mayor. ¿Puede verte? Ofrécele enseñarle cómo es tu vida».
3. Guiamos al cliente para que ofrezca repetidamente ayuda y amor a los protectores así como a los exiliados a los que protege.

Las experiencias abrumadoras que amenazan la supervivencia del cliente habitualmente abren un abismo entre las partes y el Self del cliente. Los protectores traumatizados comúnmente creen que el Self se encontró indefenso durante el trauma y que también está atrapado en el pasado. La presentación del «Self de hoy» del cliente muestra al protector que el Self sobrevivió y está disponible para sanar a los exiliados heridos.

PONER AL DÍA A UNA PARTE

CHARLEY: Escondo comida. Me parece una locura incluso a mí. Mi marido encuentra magdalenas y panecillos en mi escritorio o en mi mesita de noche y cree que es bastante extraño, pero simplemente se ríe.

TERAPEUTA: ¿Esa parte sabe que ahora tienes mucha comida?

CHARLEY: Mi madre puso una cadena alrededor de la nevera y la cerró con candado. Siempre teníamos hambre. Mi hermano menor y yo solíamos ir a la parte de atrás del supermercado por la noche para conseguir las frutas y verduras que tiraban.

TERAPEUTA: ¿La parte que almacena provisiones para ti ahora sabe que las cosas han cambiado?

CHARLEY: No.

TERAPEUTA: Pregúntale a la parte qué edad cree que tienes y no censures la respuesta, sólo di lo que se te ocurra.

CHARLEY: Curiosamente, he oído «diez años». Eso realmente me sorprende.

TERAPEUTA: A esa edad es cuando tu padre se fue, ¿verdad?

CHARLEY: Sí. Realmente no tuvimos nada durante un tiempo. Pero era el final del verano, así que los niños encontramos bayas en el bosque y le robábamos al granjero de al lado. Cuando empezó la escuela, a mi madre la hospitalizaron y fuimos enviados a hogares de acogida.

TERAPEUTA: Vamos a darle a tu parte que esconde y almacena comida la oportunidad de conocerte, de conocer al tú que no es una parte. ¿Le gustaría hacer un recorrido por tu vida hoy?

CHARLEY: Está asombrado. No tenía ni idea.

TERAPEUTA: ¿Qué le dices sobre la comida?

CHARLEY: Ahora estamos bien. Eso no va a volver a pasar nunca más. Le estoy enseñando cómo se abre y cierra nuestra nevera y que tenemos una lista de la compra, así que puede elegir lo que quiera.

* * *

El protector de Charley que escondía comida todavía veía a Charley como a un niño de 10 años hambriento, no como a un hombre adulto con un marido y con su propia nevera llena de comida.

Como vemos en este ejemplo, las partes pueden desconocer completamente el presente, en cuyo caso necesitan ser puestas al día.

LOS PRIMEROS 3 PASOS: ENCONTRAR, CENTRARSE Y DESCRIBIR UNA PARTE PROTECTORA

Encontrar

- Pregunta:
  «¿Qué parte necesita tu atención hoy?».
- O escucha al cliente hablar.
- Repite (o escribe en una pizarra) los temas principales que escuches.

- Pregunta:
  «De estas partes, ¿cuál necesita tu atención primero?».

Centrarse

- Invita al cliente a entrar y notar dónde está ubicada la parte en el cuerpo o alrededor del cuerpo.
- Invita al cliente a centrar su atención en eso.
  – Centrar la atención en una parte internamente es diferente que hablar de ello.

Describir

- Pregunta:
  «¿Cómo experimentas esta parte? ¿La ves? ¿La sientes? ¿La escuchas? ¿O hay alguna otra forma en la que eres consciente de ella?».
- Pregunta:
  «¿Qué edad tiene esta parte?».
  «¿Cuántos años cree la parte que tienes?».

DESPUÉS DE ENCONTRAR, CENTRARSE Y DESCRIBIR: UNA ENCRUCIJADA EN EL CAMINO

Los 6 Pasos nos ayudan a formar la alianza que necesitamos con los protectores. Llegados a este punto, después de los tres primeros pasos y antes de los últimos tres, nos encontramos en una encrucijada: si los protectores del cliente han estado dispuestos a separarse, continuarás con los últimos pasos usando la comunicación interna hasta el final. Pero si no eres capaz de convencer a los protectores de que se separen —lo que ocurre a menudo cuando hay trauma—, deberás rendirte (de momento) y pasar al «acceso directo» (el Self del terapeuta habla directamente a la parte del cliente). Pero antes de describir el acceso directo con más detalle (a partir de la pág. 161), introduciremos algunos conceptos de neurociencia que son relevantes para IFS y acaban de ilustrar cómo trabajar con las partes protectoras utilizando la técnica denominada comunicación interna.

INTRODUCCIÓN A LA NEUROCIENCIA

La «década del cerebro»[6] se encontró con el mundo de la psicoterapia hace ya varios años, y emergieron líderes en el campo de la neurociencia que nos ayudaron a entender mejor qué sucede en el cerebro durante la psicoterapia y cómo podemos ayudar a la gente de forma efectiva a sanar de las secuelas de experiencias traumáticas.

El conocimiento de la neurociencia también puede informar sobre la toma de decisiones terapéuticas. Por ejemplo, ¿en qué circunstancias tiene más sentido que el terapeuta permanezca calmado y no reaccione? ¿Y cuándo es mejor mostrarse confiado y decir lo que se piensa? Además, ¿cuándo tiene sentido ir más despacio y trabajar con el cuerpo? En este manual, incorporamos lo que creemos que está sucediendo en el cerebro en lo que se refiere el modelo IFS de terapia.

CIENCIA: LA RELACIÓN ENTRE MENTE Y CEREBRO

Muchos teóricos y profesionales de la salud mental distinguen entre mente y cerebro de la siguiente manera: ya que la mente trata con la energía y el flujo de información, se relaciona principalmente con el

6. Esta denominación, acuñada durante el mandato del presidente George H. W. Bush, se refiere a la proliferación y divulgación de la investigación en neurociencias en EE. UU. durante la década 1990-1999, propulsada por la inversión en programas especiales del Gobierno de ese país, con la implicación de la Biblioteca del Congreso y del Instituto Nacional de Salud Mental de los Institutos Nacionales de Salud, con la finalidad de dar a conocer dicha investigación y sus beneficios. Este movimiento, que recibió el apoyo de diversas asociaciones profesionales, se expandió también a otros países. *(N. de la T.)*

funcionamiento, mientras que el cerebro se relaciona con la *estructura*, definida como una colección de neuronas interconectadas, redes y neurotransmisores en la cabeza; ambos interactúan con el cuerpo y el medio ambiente (Siegel, 2017).

Como terapeutas nos ocupamos de ambos: de la mente cuando nuestros clientes notan e interactúan con sus pensamientos, sentimientos y sensaciones, y del cerebro cuando la atención interna permite un cambio terapéutico que coincide con cambios estructurales en el cerebro (neuroplasticidad). Algunos científicos también creen que la mente es capaz de cambiar de estado, moviéndose rápidamente de un clúster de actividad mental (o colección de redes neuronales) a la siguiente, cada una de las cuales cumple una función específica (Siegel, 2017). Esta visión es coherente con la premisa más básica de IFS: que la psique (mente) está naturalmente compuesta de diferentes partes (estados mentales) que son capaces de mezclarse o de separarse (estados cambiantes).

Creemos que las partes usan tanto el cerebro como la mente, principalmente viviendo en la mente y utilizando el cerebro. Las partes tienen una gama de pensamientos, sentimientos y sensaciones, y utilizan las redes neuronales que corresponden con esos pensamientos, sentimientos y sensaciones específicos en el cerebro para expresarse.

LA CIENCIA DE «ENCONTRAR»: IDENTIFICAR LAS PARTES

Los grupos de células nerviosas (neuronas) se unen para formar circuitos o redes neuronales. Los neurocientíficos están continuamente descubriendo, mapeando e identificando varias redes cerebrales, que cubren todo el espectro desde el cerebro en reposo, a la empatía, la compasión, el dolor, el cuidado, la búsqueda y el pánico junto con esas otras redes que han sido afectadas por experiencias traumáticas.

En términos de IFS, el proceso de encontrar una parte diana implica que la mente centra su energía y atención en un clúster específico de redes neuronales que cumplen una función específica.

LA CIENCIA DE CENTRARSE: IR AL INTERIOR Y MEDITAR

Cuando hablamos centrarse, generalmente estamos describiendo cómo prestamos atención. Cuando nos involucramos con el exterior —poniendo nuestra atención fuera de nosotros en nuestro entorno o en nuestras relaciones— estamos utilizando conciencia exteroceptiva (Seppala, 2012), que se basa principalmente en la corteza prefrontal. La conciencia interoceptiva (Seppala, 2012), por otro lado, implica un enfoque interno y se basa en estructuras cerebrales más profundas: el tronco encefálico (ligado a sensaciones físicas como la frecuencia cardíaca y la respiración), el sistema límbico (integración emocional), la ínsula (conciencia del cuerpo) y el cingulado posterior (conectado a la conciencia de sí mismo); todos los cuales están afectados cuando hay trauma.

La terapia hablada normalmente utiliza la conciencia exteroceptiva, cuando los clientes centran su atención en el diálogo con el terapeuta. En cambio, en IFS invitamos a nuestros clientes a ir a su interior y centrarse internamente (interoceptivamente) en la relación entre ellos y sus partes. Se dice que la conciencia interoceptiva tiene mayor poder para influir en nuestro nivel de felicidad (Seppala, 2012).

Hay, por supuesto, muchas formas diferentes de meditación. El mindfulness, descrito por Kabat-Zinn como una conciencia sin juicio del momento presente (Kabat-Zinn, 2003), es una forma popular de meditación que ha sido estudiada y ha demostrado tener beneficios tanto físicos como mentales. En cuanto al trauma, se sabe que la meditación tiene un efecto positivo en varias estructuras cerebrales que están afectadas negativamente en personas que viven experiencias abrumadoras. En IFS, la meditación ayuda a los clientes con el proceso de separarse de las partes y acceder a la energía de Self. La separación consciente, o la capacidad de separarse y *estar con*, en lugar de *estar en* una experiencia, es un prerrequisito para los pasos finales de la sanación en IFS, porque reexperimentar (revivir sin una audiencia interna que valide) no es terapéutico.

LA CIENCIA DE DESCRIBIR: CLARIFICAR LA PARTE

Una vez que el cliente ha identificado la parte diana y comienza a centrar su atención internamente, lo guiamos a interactuar con la parte. Por lo general, esta interacción ocurre en imágenes mentales, pero para aquellos clientes que no son visuales, la experiencia puede ser sensorial, cenestésica o auditiva.

- ¿Dónde está localizada la parte, en tu cuerpo o alrededor de él?
- ¿El cliente la ve? ¿La siente?
- ¿O quizás la escucha?
- ¿La parte tiene una forma?
- ¿Un color?
- ¿Un tamaño?
- ¿Un sonido?
- ¿Qué edad tiene?
- ¿Cuán cerca está de él?

Todas estas preguntas ayudan al terapeuta y al cliente a describir e identificar mejor la parte.

En IFS consideramos que muchas partes protectoras (también conocidas como síntomas) tienen sus raíces en el miedo. Tienden a trabajar demasiado y a causar malestar. Creemos que estas partes viven en la mente y se expresan conectándose con circuitos neuronales no integrados (o desregulados) en el cerebro, los cuales normalmente funcionan en exceso o menos de lo necesario y generan dolor psíquico. Una vez que se sana la parte herida (exiliada), las partes protectoras son capaces de abandonar su trabajo, funcionar normalmente (como lo hacían antes de que ocurriera la herida) e integrarse estructuralmente de nuevo en el sistema más amplio.

Meditación

LLEGAR A CONOCER A UNA PARTE

Esta meditación está diseñada para ayudarte a conocer un poco mejor una parte a la que quieras ayudar o con la que quieras cambiar tu relación.

- Si te sientes bien, adelante, respira profundamente.
- Piensa en una parte a la que te gustaría conocer un poco mejor.
- Continúa concentrándote en esa parte dondequiera que la encuentres, en tu cuerpo o alrededor de él.
  – Si no puedes concentrarte en ella, no pasa nada, está bien así.
- En cualquier caso, fíjate cómo te sientes hacia esa parte.
- Si sientes algo que no sea curiosidad o aceptación hacia esta parte, pregunta a la parte que reacciona si estaría dispuesta a separarse de ti y a no interferir, sólo para que puedas aprender más sobre tu parte diana. No vamos a dejar que tome el control, sólo vamos a intentar conocerla.
- Y sigue haciendo esto con todas las partes reactivas hasta que sientas curiosidad por la primera parte.
- Puede ser que no lo consigas, si las otras partes no quieren separarse; si esto sucede, no pasa nada, está bien así. En este caso, puedes simplemente dedicar un rato a escuchar sus miedos sobre separarse.
- Pero si las partes te dejan sentir un mínimo de curiosidad por la parte inicial, entonces es seguro escucharla.
- ¿Qué es lo que esa parte original quiere que sepas de ella?
- ¿Qué ha estado tratando de hacer por ti? ¿O de hacerte a ti?
- ¿Qué podría necesitar de ti?

Voy a parar de hablar un rato ahora para que puedas conocer a la parte y volveré con tiempo para hacer el cierre de la meditación.

- Vale, en los próximos minutos vamos a acabar y a regresar aquí.
- Agradece a la parte que te haya dejado conocerla más.
- Hazle saber que ésta no tiene por qué ser su única oportunidad de hablar contigo. Si quiere, puedes volver a contactar con ella en otro momento.
- Antes de regresar a la habitación, asegúrate de dar las gracias a todas las demás partes por haberte permitido conocer a la primera, o si no lo han hecho, agradéceles haberte contado sus miedos.
- Y cuando sientas que has acabado, si te parece bien, puedes empezar a respirar profundamente de nuevo y a dirigir tu atención hacia el exterior.

EL 4.º PASO: EVALUANDO LA ENERGÍA DE SELF CON «QUÉ SIENTES HACIA»

Nuestro objetivo general es que todas las partes —la parte diana y cualquier otra parte secundaria que reaccione— se separen y hagan espacio para que el Self del cliente sane la parte herida. El 4.º paso contribuye a este objetivo ayudándonos a comprobar el nivel de acceso al Self que tiene el cliente. La pregunta «¿Cómo te sientes hacia esta parte (parte diana)?» es nuestro contador Geiger de energía de Self (y, a la inversa, detector partes mezcladas).

A medida que evaluamos de esta manera el entorno de las relaciones internas del cliente, podemos enterarnos de que alguien tiene miedo de la parte diana, de que alguien tiene miedo de que la parte diana abrume o de que el interior está tan abarrotado que no hay espacio para el Self. Al explorar de este modo el mundo interior, localizamos las partes que necesitan ser tranquilizadas.

A continuación presentamos dos ejemplos de cómo usar el 4.º paso, junto con dos ejercicios para acceder a la energía de Self.

4.º PASO: SENTIR HACIA

Sentir hacia

TERAPEUTA: ¿Cómo te sientes con respecto a la parte boxeadora?

ENZO: ¡Él me protege! Me gusta eso.

TERAPEUTA: ¿Cómo responde él?

- *La respuesta del protector le indicará al terapeuta si la valoración de Enzo proviene del Self o de otra parte.*

ENZO: Está acostumbrado a ignorarme.

- *La valoración de Enzo proviene de una parte, el boxeador no estaría ignorando al Self del cliente.*

TERAPEUTA: ¿Y eso?

ENZO: Cree que soy débil.

Describir

TERAPEUTA: ¿Cuántos años cree que tienes tú?

ENZO: Oh..., un niño pequeño.

TERAPEUTA: ¿Así que el niño pequeño aprecia al boxeador? Y el boxeador piensa que el niño pequeño es débil. ¿El niño pequeño estaría dispuesto a separarse para que puedas hablar tú con el boxeador?

- *Pedimos a las partes secundarias —en este caso al niño pequeño— que se separen para que el Self del cliente pueda estar presente y hablar con la parte diana. Nuestro objetivo es conseguir que el Self del cliente esté en medio, entre el protector y el exiliado.*

ENZO: Dice que de acuerdo.

Sentir hacia

TERAPEUTA: ¿Cómo te sientes hacia el boxeador ahora?

- *Evaluamos de nuevo la energía del Self del cliente.*

ENZO: Se dio la vuelta para mirarme por primera vez. Está sorprendido. Él no me conoce. Le agradezco toda su ayuda.

- *Cuando el niño pequeño se separa, el protector se percata del Self del cliente.*

* * *

En este ejemplo vemos dos partes, un protector y el exiliado al que protege que toma conciencia del Self del cliente por primera vez, simplemente porque el Self del terapeuta los está guiando y está sosteniendo el espacio para que esto ocurra.

EJERCICIO

SENTIR HACIA

INSTRUCCIONES: Localiza una parte diana, concéntrate en ella, amplíala y luego pregúntate:

«¿Cómo me siento con respecto a ______________________________ [la parte diana]?».

Escribe la respuesta:

____

____

Si la respuesta es uno de los sentimientos que aparecen en la lista a continuación y que indican energía del Self (u otro sentimiento similar), entonces puedes pasar a crear una buena relación con la parte.

SENTIMIENTOS QUE INDICAN QUE EL CLIENTE TIENE ENERGÍA DEL SELF PARA LA PARTE DIANA:

- Sentirse curioso
- Sentirse abierto
- Ser bondadoso
- Ser cuidadoso
- Sentirse conectado
- Estar interesado
- Ser compasivo
- Ser amoroso

Sin embargo, si la respuesta es «Entiendo», necesitas esclarecer si esto te llega de un directivo que evita sentimientos permaneciendo en sus pensamientos y contando una historia que suene plausible o si realmente tienes una conexión sincera con la parte y eres consciente de cómo se siente.

Si no estás seguro de dónde viene este «Entiendo», cuéntale a la parte diana lo que has entendido y pregúntale si es así.

Si, por otro lado, la respuesta que te llega es «Estoy de acuerdo con esta parte», entonces esto significa que la parte aún no está suficientemente separada de ti para poder tener una conversación con ella. Pídele que se separe un poco para que podáis hablar.

Y si la respuesta es cualquier otro sentimiento (por ejemplo, odio, enojo, miedo, vergüenza) pregúntale a la parte que se siente así: «¿Qué te preocupa que pudiera pasar si te relajaras y me dejaras hablar con ______________________ (la parte diana)?».

Las partes reactivas generalmente temen a la parte diana de alguna manera. Escribe todo lo que escuches:

____

____

____

Si la parte reactiva teme que la parte diana gane demasiado poder, pregunta:

«Si ________________ (la parte diana) estuviera de acuerdo en no tomar el control, ¿me dejarías hablar con ella?».

Si la parte reactiva responde:

«Eso nunca funcionará», puedes tranquilizarla de dos maneras. Primero, puedes preguntarle: «¿Podemos preguntar a ________________ (la parte diana) directamente si está dispuesta a no tomar el control?». Y luego le decimos a la parte reactiva: «Tú mandas. No estoy tratando de obligarte a hacer nada con lo que no te sientas cómoda. Pero si me dejas escucharos a ambas, puedo ayudarte con este conflicto entre tú y ________________ (la parte diana)».

EVALUAR EL NIVEL DE ENERGÍA DEL SELF DEL CLIENTE EN EL 4.º PASO

Sentir hacia

Polly ha notado una parte crítica, y la ha descrito como un hombrecito con un traje de negocios.

TERAPEUTA: ¿Cómo te sientes hacia este crítico?

- *En su respuesta a la pregunta podemos detectar si hay alguna otra parte reactiva.*

POLLY: No me cae bien.

TERAPEUTA: ¿Esa parte estaría dispuesta a dejarte manejar esto?

- *Pedimos permiso de nuevo.*

POLLY: Lo dudo mucho.

- *La parte reactiva no está dispuesta a cooperar y dejar que el cliente hable con la parte diana (el hombrecito del traje de negocios). Esto le indica al terapeuta que la parte reactiva cree que la parte diana es peligrosa.*

Describir

TERAPEUTA: Así que tienes una parte a la que no le gusta el crítico y no confía en él. ¿Puedo hacer una pregunta? Esta parte desconfiada, ¿quién cree que eres?

- *La respuesta del cliente a esta pregunta revelará a la parte vulnerable.*

POLLY: Un niño.

¿Suficiente energía del Self?

TERAPEUTA: ¿Qué dices a eso?

- *Evaluamos cuán mezclada está la parte vulnerable con Polly; si está mezclada, entonces Polly dirá que se siente como una niña.*

POLLY: No soy una niña. En realidad me gustaría hablar con el crítico. A veces me pregunto por qué sigue y sigue de esa manera.

- *El Self de Polly está presente.*

TERAPEUTA: Mira si todos los de dentro te dejan preguntarle al crítico por qué se comporta así.

- *Pedimos a todas las partes preocupadas que se relajen y permitan que el Self de Polly hable con el crítico.*

* * *

En este ejemplo, descubrimos que el Self de Polly está presente simplemente observando cómo responde Polly al protector que cree que ella todavía es una niña.

Ejercicio

EVALUAR LA ENERGÍA DEL SELF: SENTIR HACIA

INSTRUCCIONES: En aras de la claridad, la parte diana que utilizaremos en este ejercicio será una parte crónicamente ansiosa, pero cuando hagas el ejercicio tú, puedes apuntar la información de la parte que notes internamente.

PREGUNTA: «¿Cómo te sientes hacia la parte ________ [ansiosa]?».

- Si el cliente está separado significativamente de las partes reactivas y responde algo parecido a «Siento curiosidad» o «Me importa», entonces continúa adelante e interésate por ello: «¿Qué quiere contarte esta parte de sí misma?».
- Pero si el cliente tiene una reacción negativa como «¡Lo odio!».
- O bien si el cliente expresa su acuerdo de la siguiente manera: «Por supuesto que me siento ansioso», entonces:

PREGUNTA: «¿Esta parte ________ (que odia o que está de acuerdo) necesita tu atención primero, o estaría dispuesta a relajarse y dejar que tú sientas curiosidad por ________ (la parte ansiosa)?».

- Si la parte reactiva está dispuesta a relajarse, repite la pregunta original: «¿Cómo te sientes ahora hacia ________ (la parte ansiosa)?».
- Sin embargo, si el cliente sigue estando de acuerdo con la parte ansiosa, le guiamos para que indague si la parte ansiosa está mezclada. Para hacerlo, simplemente pregúntale: «¿La parte ________ (ansiosa) está mezclada contigo ahora mismo?».
  - En caso afirmativo: «¿Estaría dispuesta a separarse y conocerte?» (es decir, conocer al Self del cliente).
  - Si no está dispuesta a separarse, entonces exploramos más para

averiguar quién está de acuerdo: «Vale, alguien más está de acuerdo y tal vez esa parte quiere decir algo. Vamos a pedir a todas las partes que estén de acuerdo en este tema que se reúnan contigo en un grupo. ¿Estarían dispuestas a hacerlo? Invítalas a todas a unirse a ti en una gran mesa de conferencias y mira quién aparece.

Después de elegir una parte diana, el objetivo es persuadir a las partes reactivas para que se separen (diferencien), lo cual permitirá al Self del cliente estar presente y hacerse amigo de la parte diana. Cuando una parte reacciona negativamente (o positivamente) a la parte diana y no se separa, pasamos al método llamado «acceso directo».

UNA ADVERTENCIA: SÉ CONSCIENTE DE LAS PARTES QUE SE PARECEN AL SELF EN EL 4.º PASO (SENTIR HACIA)

Las partes que se parecen al Self aparecen expresando sentimientos que suenan como los del Self («Me importa, quiero ayudar») y a menudo sustituyen al Self en las imágenes mentales; no obstante, son partes protectoras, lo que significa que no están equipadas para curar heridas. Una parte exiliada puede sentirse muy apegada a una parte que se parece al Self que la ha estado consolando durante años o puede sentirse reprimida por ella y resentida. En cualquier caso, cuando nos confundimos con una parte que se parece al Self y sin darnos cuenta continuamos adelante como si fuera el Self, a menudo la terapia avanza demasiado rápido y fácilmente, o bien se detiene por completo y puede parecer que el exiliado es obstinadamente poco cooperador. Esto es señal de que una parte que se parece al Self está al mando y necesita relajarse y confiar en el Self del cliente. Las partes que se parecen al Self también pueden aparecer cuando las partes del cliente están tratando de complacer al terapeuta y son demasiado obedientes. Las partes que se parecen al Self son comunes en los supervivientes de trauma, porque sentir las necesidades de los demás y darles lo que quieren puede ser protector.

DETECTAR UNA PARTE QUE SER PARECE AL SELF: CUANDO LA TERAPIA AVANZA DE FORMA DEMASIADO RÁPIDA Y FÁCIL

Encontrar

TERAPEUTA: ¿Tu parte deprimida estaría dispuesta a separarse para que puedas conocerla mejor?

BRENT: Sí, lo está.

TERAPEUTA: ¿Cómo te sientes hacia ella ahora?

BRENT: Me siento bien.

TERAPEUTA: La parte que se siente bien, ¿podría apartarse un poco también?

BRENT: Claro.

TERAPEUTA: ¿Cómo te sientes hacia la parte deprimida ahora?

BRENT: Me siento compasivo.

TERAPEUTA: ¿Le llega eso a ella?

BRENT: Claro.

- *Brent parece desconectado. El terapeuta siente que le falta empuje.*

Encontrar y centrarse

TERAPEUTA: Me pregunto si tienes una parte que está tratando de ayudar a que las cosas avancen.

BRENT: ¿Qué quieres decir?

TERAPEUTA: ¿Alguien está tratando de ayudar? Tómate un momento para preguntar dentro.

BRENT: De hecho, sí hay una parte. ¿Cómo lo supiste? Hay una parte que quiere ayudarnos a ti y a mí, así que dice lo que cree que quieres oír.

TERAPEUTA: Agradéceselo. Y pregúntale si estaría dispuesta a tomar un descanso y observar qué hacemos. Todo irá bien, aparezca lo que aparezca, incluso si salen cosas difíciles.

- *Pedimos permiso.*

BRENT: Se lo preguntaré.

- *Brent cierra los ojos y se queda en silencio durante varios segundos.*

BRENT (continuación): Creo que esta parte está muy presente. Quiere hacer lo correcto. Ha estado conmigo desde hace mucho tiempo.

Sentir hacia

TERAPEUTA: Apuesto a que ha sido de ayuda. ¿Cómo te sientes hacia ella?

BRENT: Se lo agradezco.

Establecer una buena relación

TERAPEUTA: Házselo saber.

BRENT: Le gusta.

TERAPEUTA: ¿Está dispuesta a confiar en ti?

- *¿La parte se separará? ¿Está dispuesta percatarse del Self del cliente?*

BRENT: No está tan segura de eso.

TERAPEUTA: ¿Cuántos años cree la parte que tienes tú?

BRENT: Quince.

TERAPEUTA: ¿Qué dices a eso?

- *Invitamos al cliente a tomar la iniciativa.*

BRENT: El chico de quince años está deprimido. Esta parte está confundida y piensa que yo soy él.

- *El Self está presente.*

TERAPEUTA: ¿Te ve ahora?

- *Todavía están conociéndose y vinculándose.*

BRENT: Sí. Está un poco sorprendido.

TERAPEUTA: ¿Te dejaría ayudar al chico de 15 años?

- *Pedimos permiso.*

BRENT: Esta parte está confundida por todo esto. Siempre me ha cuidado.

- *Brent está describiendo una parte protectora haciendo el papel como el Self, es decir, este protector sustituye al Self de Brent y trata de manejar su vida y cuidar de las partes más jóvenes.*

Describir

TERAPEUTA: ¿Te reemplaza?

BRENT: Es como si fuera yo.

- *Las partes que se parecen al Self a menudo insisten: «Yo soy el cliente».*

TERAPEUTA: Entiendo que ha tomado el liderazgo porque tuvo que hacerlo y no era consciente de que Brent no era una parte. ¿Cómo es para esta parte tan trabajadora conocerte?

- *Afirmamos que el cliente tiene un Self.*

Los miedos de los protectores

BRENT: Está realmente sorprendida. ¿Qué pasará con ella?

TERAPEUTA: No desaparecerá. Seguirá siendo parte de ti.

- *Tranquilizamos al protector.*

BRENT: Eso es un alivio.

TERAPEUTA: Ha trabajado muy duro. ¿Aceptará tu ayuda?

BRENT: Está pensando. Está cansada.

- *A menudo las partes como el Self necesitan que se las tranquilice mucho antes de que estén dispuestas a devolverle el liderazgo al Self. No te preocupes, sé persistente.*

* * *

Si notas una desconcertante falta de empuje en una sesión o si todo avanza con demasiada facilidad, sospecha que hay una parte que se parece al Self. Como este ejemplo ilustra, una de las maneras en que se manifiestan las partes que se parecen al Self es haciendo que el cliente parezca «cooperador» cuando en esencia está ausente.

CIENCIA: ACCEDER AL SELF CON «SENTIR HACIA»

La neurociencia está explorando las estructuras cerebrales que se correlacionan con la definición de uno mismo, incluyendo cómo nos representamos, evaluamos y monitorizamos. Estas actividades están conectadas, respectivamente, con el córtex prefrontal medial, el córtex prefrontal dorsolateral y el cingulado anterior (Nortoff y Bermpohl, 2004). Sabemos que el autoconcepto también involucra conexiones con nuestro cuerpo y con las sensaciones físicas a través de una estructura llamada ínsula (Lanius, 2010). Aunque estos avances en neurociencia nos ayudan a entender en qué medida el cerebro está involucrado en la conciencia de nosotros mismos en contexto, todo esto es diferente del concepto que tenemos en IFS del Self.

Según IFS, el Self, que implica un estado de calma, curiosidad, confianza, coraje, claridad, conectividad, compasión y creatividad, no se encuentra, en nuestra opinión, en ninguna estructura cerebral específica. Creemos que el Self, que es un estado del ser, está localizado dentro de la mente al igual que las partes protectoras, pero hay una diferencia. Las partes protectoras que se desarrollaron en respuesta a traumas pequeños o a traumas con T mayúscula aparecen cuando los síntomas usan redes desintegradas en el cerebro. Por el contrario, el Self tiene acceso a redes neuronales integradas y se conecta con el mundo exterior espontáneamente. Desde nuestra perspectiva, la experiencia de «estar en Self» (como decimos en IFS) implica una conexión interna y externa y de máxima integración. En resumen, el Self posee la sabiduría inherente y la capacidad de sanar. En nuestra opinión, una vez liberados de los roles extremos, los protectores vuelven a utilizar redes neuronales integradas también.

La terapia con clientes que han experimentado traumas severos es a menudo un reto, precisa mucho tiempo y a veces puede llegar a ser abrumadora. Los supervivientes a menudo tienen partes que están dominadas por la memoria implícita (inconsciente, tenaz, constituida en su mayor parte por sentimientos y sensaciones sin contenido cognitivo ni secuencia temporal).

Reduciéndolo a su esencia, el objetivo de la terapia para sanar trauma es convertir la memoria implícita en memoria explícita (consciente, fáctica, lineal, con sentido del tiempo y una narrativa). El trabajo de todos los terapeutas es ayudar a los clientes traumatizados a transformar la memoria sin procesar y no digerida en una historia cohesiva que incluya sentimientos y creencias, así como un inicio, un desarrollo y un desenlace.

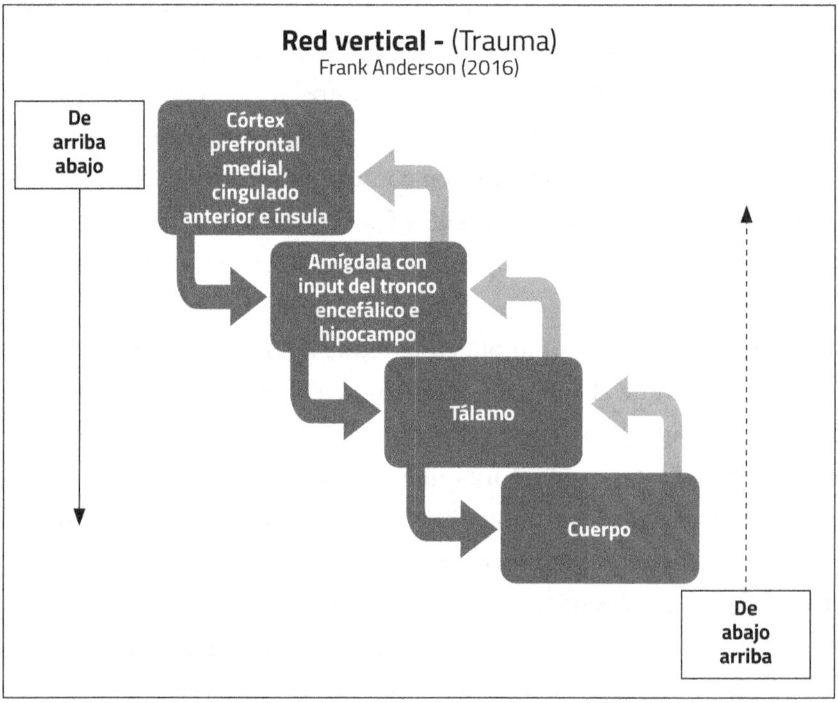

En circunstancias normales, cuando experimentamos algo estresante, el sistema nervioso recibe la información del cuerpo y la transmite de forma ascendente a través de varias estructuras cerebrales, incluyendo el tálamo (entrada de información sensorial), el tronco encefálico (frecuencia cardíaca y respiración), la amígdala (importancia emocional) y el hipocampo (entrada de información cognitiva), antes de ir al cíngulo anterior, la ínsula y a la corteza prefrontal, donde se procesa la información y se determina la respuesta adecuada, que habitualmente es calmarse (Van der Kolk, 2014).

Pero cuando la percepción de peligro del individuo aumenta porque el estrés es más extremo, diversas sustancias químicas, entre ellas cortisol y adrenalina, son liberadas para movilizar el cuerpo, llevándonos de un estado de seguridad a un estado en el que estamos listos para luchar o huir (activación simpática). En esta situación, la capacidad de procesar información y regularse a la baja se pierde, y se entra en un estado de alta reactividad física y emocional, junto con una capacidad limitada para calmarse y recuperarse (Van der Kolk, 2014).

Si seguimos atrapados en una situación traumática y nos sentimos impotentes para escapar, pasamos de la activación simpática a la inmovilización parasimpática o congelación y a un eventual colapso. Aquí, varias estructuras en el cerebro se desconectan y los órganos internos se desaceleran para conservar energía y aumentar las posibilidades de sobrevivir al peligro. En este estado, estamos desconectados de nuestras emociones, de nuestro cuerpo y de nuestra capacidad de procesar información (Porges, 2011).

LOS TRES ESTADOS DEL PROCESAMIENTO DEL ESTRÉS

Estrés normal	**Hiperactivación simpática**	**Embotamiento parasimpático**
Inhibición normal	Inhibición reducida*	Inhibición excesiva*
Pensamientos normales	Poca perspectiva cognitiva	Poco pensamiento
Emociones normales	Emotividad alta	Emotividad baja/ reducida
Sensaciones corporales normales	Sensaciones corporales intensas	Sensaciones corporales apagadas

* (Lanius *et al.*, 2010)

Hay tres estados con los que los terapeutas tratan cuando trabajan con individuos que pasan por situaciones estresantes. A veces, un cliente es capaz de procesar información cognitiva, emocional y físicamente. Otras veces (si hay activación simpática) el cliente tiene una activación emocional y física con poca capacidad para regularse a la baja. En otras ocasiones (con embotamiento parasimpático) está entumecido, disociado y sin acceso a sensaciones físicas, emociones o pensamientos. En los momentos más intensos, un cliente traumatizado puede alternar entre estos tres estados.

Meditación

ESTAR CON TU CORAZÓN

- Si te apetece, adelante, respira hondo y nota tu corazón tal y como tú lo experimentes; no tienes por qué sentir tu corazón real en el lado izquierdo de tu pecho, simplemente observa tu corazón en la forma en que tú lo notes.
- Te voy a invitar a que lo conozcas de una manera física y vamos a explorar diferentes cualidades de tu corazón.
- Vamos a ver su estado.
  - Primero nota cuán abierto está.
  - Cuán tierno, enquistado o calloso.
  - Quizás esté congestionado, fluido o fluyendo.
- Nota también cuánto espacio hay dentro de tu corazón.

– ¿Lo sientes contraído y apretado o espacioso?

- En tu exploración quizá notes que distintas zonas de tu corazón se diferencian del siguiente modo:
  - Tal vez la parte de delante esté cerrada pero la de atrás esté abierta.
  - O quizá la parte superior sea tierna y la inferior sea dura.
  - Tal vez la energía pueda fluir a través de algunas partes de tu corazón, pero no de todas.
  - Tal vez en algunos lugares sientes tu corazón apretado y contraído mientras que en otros lugares se siente espacioso.
- Así que, donde notes sensaciones extremas como éstas —cerrado, contraído, rebatido, calloso— hallarás partes protectoras.

- Si quieres, puedes tomarte un tiempo para conocer a esas partes.
- Si te parece bien, simplemente indaga sobre lo que esos protectores temen que suceda si te permitieran abrir tu corazón completamente.
  – Si permitieran a tu corazón ser tierno.
  – Si no trataran de contraerlo o compactarlo.
- En la respuesta a esa pregunta, es probable que encuentres qué partes vulnerables protegen y que también vivan en tu corazón o a su alrededor.
- Ahora mismo no tienes que ir a esas partes vulnerables, es suficiente con escuchar lo que tus protectores te cuenten de ellas.
- Cuando vayas comprendiendo cuán atentamente estos protectores han estado cuidando tu vulnerabilidad, simplemente extiende tu agradecimiento amoroso hacia ellos, en el grado que te parezca sincero.
- Nota cómo reaccionan ante este reconocimiento.
- Ahora mismo no les pedimos que cambien nada. Tampoco esperamos que cambien.
  – Sólo estamos conociendo sus miedos y mostrándoles aprecio.
  – Y algún día, si quieren, si sienten que es una buena idea, pueden dejar ir a esas partes vulnerables para sanarlas.
  – Entonces, estos protectores que trabajan tan duro podrán relajarse y te permitirán abrir tu corazón.
- A menudo, las partes protectoras no creen que la curación sea posible. Se sienten condenadas a hacer esto con tu corazón por el resto de tu vida. Así que asegúrate de que sepan que la curación es posible, pero sin presionarlas.
- Cuando sientas que la visita a tus protectores ha terminado, puedes empezar a dirigir tu atención al exterior, pero antes asegúrate de agradecerles que te hayan permitido saber todo esto y también de darles las gracias por su gran esfuerzo para mantener tu corazón a salvo.

LOS DOS ÚLTIMOS PASOS DE LOS 6 PASOS: ESTABLECER UNA BUENA RELACIÓN CON LOS PROTECTORES Y EXPLORAR SUS MIEDOS

Los últimos dos pasos de los 6 Pasos (establecer una buena relación con un protector y explorar sus miedos) son la manera de conocer a los protectores, entender sus motivos y preocupaciones (especialmente destaca el temor de que el exiliado pueda abrumar) y ganarnos su permiso para ayudar a las partes heridas que protegen. Finalmente, en este apartado nos centramos en la base científica de establecer una buena relación vinculándolo con la empatía y la compasión y en las bases científicas de los miedos protectores en relación con la neurobiología del trauma.

EL 5.º PASO: ESTABLECER UNA BUENA RELACIÓN CON LA PARTE

Una vez que hemos encontrado una parte diana, nos hemos centrado en ella, la hemos descrito, y localizamos suficiente energía del Self en el cliente («cómo se siente hacia...»), tenemos la oportunidad de aprender más acerca de la parte y fomentar la relación entre ella y el Self del cliente:

- «¿Cuál es tu trabajo?».
- «¿Cómo lo conseguiste?».
- «¿Cuántos años tienes?».
- «¿Cuántos años crees que tiene el cliente?».
- «¿A quién proteges?».
- «¿Qué quieres que sepa el cliente?».
- «Si no tuvieras que hacer este trabajo, ¿qué preferirías hacer?».

PREGUNTAR A LOS PROTECTORES SOBRE SUS MOTIVOS

Guiamos a los clientes para que pregunten a los protectores sus motivos y responsabilidades. Y ayudamos a nuestros clientes a escuchar a los protectores con respeto, interés y de forma compasiva, con el corazón abierto. Los principiantes en IFS pueden tener partes que se sientan desalentadas por un surtido aparentemente interminable de partes en algunos clientes; sin embargo, esto no es un verdadero obstáculo. Las partes son como las muñecas rusas: las partes pueden tener partes que tienen partes. Pero no pedimos a los clientes que nombren todas sus partes ni los guiamos para que sus partes se den cuenta de las subpartes. Si la conversación se desarrolla de esa manera, sin embargo, nuestros métodos no cambian. Nos centramos en las partes que aparecen: esa colmena de protectores que giran en torno a un exiliado. De esta manera, el sistema del cliente nos guía, y sólo necesitamos aprender lo que el sistema necesita que sepamos para facilitar la sanación.

ESTABLECER UNA BUENA RELACIÓN CON LAS PARTES CONLLEVA MÁS SEPARACIÓN

Construir relaciones es nuestro trabajo a lo largo de la terapia IFS. Queremos que las partes se relacionen con el Self del cliente, lo cual se hace posible cuando las partes hacen espacio para el Self en el interior. A medida que el cliente va construyendo una buena relación con las partes protectoras, nos centramos en persuadirlas para que se separen, de modo que el Self del cliente pueda estar presente y encarnado.

ESCUCHAR A NUESTRO INTERIOR

Para tener un buen vínculo con las partes del cliente, nos centramos en construir la relación entre ellas y el Self del cliente, asegurándonos de que el cliente está dispuesto a escuchar y de que la parte se siente validada. Ante todo, las partes protectoras necesitan saber que el cliente entiende por qué necesitan hacer su trabajo. Nosotros, los terapeutas, modelamos la actitud que sugerimos que el cliente cultive internamente: respeto por los esfuerzos de los protectores, la premisa de que sus intenciones son buenas y curiosidad por sus miedos. No juzgamos y somos amables. La principal evidencia del Self (ese estado puramente diferenciado) es el amor, la compasión (preocupación por el sufrimiento ajeno) y el deseo de ayudar. Buscamos esto en nosotros mismos y en nuestros clientes.

ESTABLECER UNA BUENA RELACIÓN CON UN PROTECTOR

Encontrar

TERAPEUTA: Veo una parte que a veces reacciona de forma exagerada. ¿Eres consciente de esa parte?

NAOMI: Yo soy así. He sido así durante años.

- *La parte que reacciona exageradamente está mezclada con Naomi.*

TERAPEUTA: Sé que lo sientes así, pero ¿estaría bien indagar y preguntar si esto es una parte que de alguna manera te protege?

- *Validamos y persistimos.*

NAOMI: Sería extraño pensar que esto es sólo una parte de mí.

- *La idea de que una parte altamente reactiva puede separarse es un nuevo concepto para su sistema.*

TERAPEUTA: Lo sé. ¿Podemos preguntarle si está dispuesta a separarse un poco de ti para que podamos saber más sobre ella?

- *Validamos y persistimos.*

NAOMI: No sé cómo hacerlo.

- *Una vez más, no estar mezclada es un nuevo concepto.*

TERAPEUTA: Puedo ayudarte. Piensa en una situación reciente en la que reaccionaste exageradamente.

- *Tranquilizamos y guiamos.*

NAOMI: De acuerdo. La semana pasada me enteré de que mi organización quiere que me presente para la posición de distrito y me asusté.

Enfocarse

TERAPEUTA: Genial, eso es exactamente de lo que estoy hablando. Ahora, mientras te concentras en esa parte, mira si puedes alejarte un poco de ella y pedirle que te cuente acerca de su reacción.

NAOMI: Es curioso, pero voy oyendo «¡Tienes que estar preparada! ¡Siempre preparada!».

- *Ella ha sintonizado —o, como decimos en IFS, ha «ido adentro»— y ha escuchado.*

TERAPEUTA: ¿Sabes de qué se trata?

- *Comprobamos si entiende lo que motiva a esta parte reactiva.*

NAOMI: La verdad es que no.

Sentir hacia

TERAPEUTA: ¿Quieres averiguarlo?

- *Comprobamos si tiene suficiente energía del Self hacia la parte.*

NAOMI: Sin duda, porque no sé de dónde salió eso.

- *Sí tiene suficiente energía del Self.*

Establecer una buena relación

TERAPEUTA: Genial. Hazle saber a la parte que tienes curiosidad y mira lo que quiere que sepas.

NAOMI: No le gustan las sorpresas. Las sorpresas son malas, ¡muy malas!

- *Es la primera comunicación directa de este protector.*

TERAPEUTA: Pídele que te diga más.

NAOMI: Estoy viendo momentos en los que mis padres, sobre todo mi madre, me gritaban de sopetón cuando me equivocaba. Estaba aterrorizada.

TERAPEUTA: No me extraña. Suena como si esta parte realmente se esforzara mucho para asegurarse de que estás preparada, para que no te vuelvan a sorprender más de esta manera.

NAOMI: Sí, exactamente. Me preparo demasiado la mayoría de las cosas y supongo que también reacciono exageradamente cuando no me siento preparada. No sabía que esto tenía que ver con que ella me gritaba todo el tiempo.

- *En vez de ser la parte (mezclada), ahora Naomi se relaciona con la parte y por lo tanto es capaz de comprender las razones por las que la parte reacciona fuertemente a las sorpresas.*

TERAPEUTA: Deja que la parte que se prepara y reacciona exageradamente sepa que la entendemos y que apreciamos cómo trata de protegerte.

NAOMI: Le gusta eso. No está acostumbrada a ser valorada.

* * *

Como venimos enfatizando a lo largo de este manual, que el exiliado abrume es el principal miedo de los protectores. Afortunadamente este miedo no es difícil de abordar.

Como muestra este ejemplo, las partes protectoras se pueden mezclar completamente. Podemos decir que esta parte tiene el control, «el volante» o que el cliente está viendo el mundo a través de sus ojos. Ayudar a las partes a separarse sienta las bases para que avance la terapia IFS.

Ejercicio

ESTABLECER UNA BUENA RELACIÓN CON LOS PROTECTORES

INSTRUCCIONES: Cuando llegue el momento de escuchar a los protectores interiores, asegúrate de que estás disponible.

Escanea tu interior mientras te preguntas:

- «¿Cómo me siento hacia esta parte de ________________ (el cliente)?».

Si la respuesta se sitúa en el espectro que va desde la curiosidad hasta la compasión, entonces puedes proceder.

Pero si la respuesta es cualquier otra cosa, entonces has detectado una parte reactiva en ti mismo.

Pregúntale a la parte:

- «¿Qué necesitas de mí para que me permitas escuchar sin juzgar?» (o sin sentir miedo, o sin cualquier reacción que hayas notado).
- Cuando aparece una parte reactiva, valida primero su experiencia.
- «Por supuesto que tiene sentido que te sientas ansiosa por ——————————— (el cliente) enfrentándose a su jefe. ¿Estarías dispuesta a bajar el volumen de la ansiedad, para que podamos saber más acerca de tus preocupaciones?

LA CIENCIA QUE HAY DETRÁS DE ESTABLECER UNA BUENA RELACIÓN: EMPATÍA VS. COMPASIÓN

Una vez que se produce la separación entre la parte diana y el Self, procedemos a construir una buena relación, un buen vínculo, algo que también podemos concebir como un trabajo de apego interno. Ayudamos al cliente a descubrir quién es la parte y qué necesita compartir: ¿cuál es su trabajo? ¿Qué edad tiene? ¿A quién protege?

El mapeo de las redes neuronales relacionadas con la compasión y la empatía por parte de los neurocientíficos nos ayuda a entender dos maneras distintas en las que los terapeutas pueden acompañar a los clientes: la empatía implica nuestra capacidad para *sentir* lo que otra persona siente, mientras que la compasión implica *sentir algo por* la otra persona e incluye el deseo de ayudarla. Mientras que la empatía puede llevarnos al agotamiento y al *burnout*, la compasión nos conduce a la resiliencia (Singer y Klimecki, 2014).

En IFS vemos la empatía como una experiencia mezclada (más o menos intensa) en la que el terapeuta o el Self del cliente sienten lo que la parte está sintiendo. La compasión, por el contrario, es una experiencia no mezclada con la parte, y el Self de ambos, terapeuta y cliente, está presente aportando perspectiva y paciencia. En el viaje terapéutico de establecer confianza y conexión entre las partes y el Self, las partes a menudo necesitan experimentar ambas maneras de estar en relación. Sentirse en compañía, sentidas (empatía) y ayudadas (compasión) les da suficiente comodidad y seguridad como para revelar su vulnerabilidad.

EL 6.º PASO: EVALUAR LOS MIEDOS DE LOS PROTECTORES

Trabajar con protectores puede ser un reto debido a su reactividad y al potencial que tienen de evocar sentimientos exiliados y activar otras partes protectoras en nosotros o en el cliente. Tenemos que conocernos y ser conscientes de lo que nos pasa, ser honestos sobre nuestras partes y atender a las que se nos activan para minimizar su impacto en la terapia. Los protectores también se resisten a aceptar ayuda por diversas razones y sus preocupaciones a menudo requieren la mayor parte de nuestro tiempo en la terapia IFS. He aquí una lista de temores comunes y cómo respondemos.

1. La parte desaparecerá si no se la necesita en este trabajo.
    - Le aseguramos a la parte: «No desaparecerás. Eres parte de Lucy ahora y serás parte de Lucy siempre. Sanar esta herida te liberará».
2. La terapia terminará y la relación con el terapeuta se perderá si los protectores permiten que el Self del cliente emerja.
    - Le diremos a la parte: «Hay lugar para el Self de Lucy y para mí también».
3. Un secreto será revelado.
    - Exploramos los peligros de este secreto, abordando cualquier creencia falsa sobre las consecuencias.
4. El cliente se sentirá abrumado por el dolor.

  - Afirmamos con confianza que el Self del cliente tiene la capacidad de manejar las emociones intensas de la parte.
5. El terapeuta no será capaz de manejar el dolor exiliado.
   - Enfatizamos que esto no es así en el caso del Self del terapeuta y que identificaremos y atenderemos a cualquiera de nuestras partes que reaccionen a lo largo de la terapia.
6. Un protector polarizado tomará el control si esta parte se relaja.
   - Ofrecemos negociar esto con el otro protector si aparece, obteniendo permiso siempre de todas las partes antes de proceder.
7. La energía del Self es peligrosa y atraerá el castigo.
   - Exploramos experiencias tempranas en que la energía del Self fue castigada, y presentamos el Self a las partes lentamente, para que puedan experimentarlo a su propio ritmo y con el tiempo, sin que haya malas consecuencias.
8. No existe el Self.
   - Afirmamos que el Self no fue destruido y que si las partes se relajan, emergerá naturalmente.
9. El terapeuta —u otras partes— juzgarán a este protector por el daño que ha hecho.
   - Mostramos compasión y aseguramos a la parte que no la juzgaremos y que si aparecen partes críticas, nos dirigiremos a ellas directamente.
10. El cambio desestabilizará el sistema interno del cliente.
    - Exploramos los miedos y creencias de la parte sobre el cambio y afirmamos que el Self ayudará al sistema a estabilizarse

EXPLORAR LOS MIEDOS

A veces, un protector habla espontáneamente de sus miedos: «Si le dejo entrar (al Self del cliente), ¿qué me va a pasar?». Pero si no es así, preguntamos explícitamente por los miedos de los protectores por dos razones.

- Primero, el miedo nos señalará un protector polarizado o revelará el exiliado, y queremos esa información.
- Segundo, los protectores temerosos necesitan ayuda. Hasta que los protectores no colaboren no tendremos acceso al Self del cliente o a los exiliados. Así que preguntamos a los protectores sobre sus miedos.

«¿Qué pasaría si dejaras de hacer este trabajo?». Hay mucho que aprender de la respuesta que nos de la parte, en particular:

1. Si un protector no se relaja porque teme el desbordamiento emocional, le ofrecemos pedirle a la parte abrumadora (un exiliado) que no lo haga.
   - «Entiendo que te preocupa que Sean (el cliente) se sienta abrumado. Tiene sentido. Nosotros tampoco queremos eso. Con tu permiso, podemos pedirle a esa parte que no abrume».
2. Si este protector teme que un protector polarizado tenga demasiada influencia sobre el cliente, sugerimos un parlamento para que el Self del cliente medie entre las partes en conflicto (Krause, Rosenberg y Sweezy, 2016).
   - «Si la parte que te preocupa está dispuesta a sentarse contigo y con Sean en lugar de tomar el control, ¿tú también estarías dispuesta a hacerlo?».
   - «Sean, ¿puedes oír cómo cada una de estas partes está tratando de ayudarte? Hazles saber que valoras su opinión y pregúntales si están dispuestas a confiar en ti lo suficiente como para hacer espacio y así los tres podéis hablar».
3. Finalmente, si una parte exiliada está abrumando al cliente, el terapeuta puede hablar con ella directamente.
   - «Me alegro mucho de que estés aquí. Veo que tienes miedo. ¿Estarías dispuesta a hacer sólo un poco de espacio para que Sean pueda estar aquí también? Si le dejas entrar contigo, te ayudará».

- Nota: En este punto te instamos a que recurras a los modelos terapéuticos que conoces. No intentes utilizar IFS con exiliados a menos que tengas formación en IFS.

EL MIEDO PRINCIPAL: QUE EL EXILIADO ABRUME

La principal preocupación de los protectores es el miedo al desbordamiento emocional. Lo han vivido anteriormente y han visto cómo esto debilita al cliente, a menudo con depresiones incapacitantes, ansiedad u hospitalizaciones repetidas. Nosotros validamos sus miedos y nos tomamos sus preocupaciones en serio. Tratar el desbordamiento emocional desde el inicio es una de las razones por las cuales IFS no requiere estabilización antes de abordar el trauma. Si el desbordamiento emocional no es una amenaza, los protectores se relajan y el Self del cliente permanece presente y accesible.

VALIDAR Y ABORDAR EL MIEDO DE UN PROTECTOR A QUE LOS EXILIADOS ABRUMEN EMOCIONALMENTE

TERAPEUTA: Démosle las gracias a esta parte por compartir su preocupación. Hazle saber que podemos pedirle a la parte que se siente terrible que no abrume.

- *Los exiliados generalmente están de acuerdo en no abrumar cuando se dan cuenta de que separarse y estar con el Self es la mejor manera de obtener atención.*

TERAPEUTA: ¿Lo has escuchado? La parte dice que no abrumará. ¿Podemos hablar con ella ahora?

- *Una vez que el exiliado está de acuerdo en no abrumar, volvemos a consultar con los protectores para obtener su permiso para proceder.*

Aquí hay un ejemplo:

PEDIR A UN EXILIADO QUE NO ABRUME

Encontrar

TERAPEUTA: Parece que tienes una parte ansiosa que sigue apareciendo, ¿te das cuenta?

PETE: Sí, le cuesta mantenerse apartada. No se queda en la sala de espera donde la pusimos.

- *La parte al menos está lo suficientemente separada como para que Pete pueda notarla.*

Centrarse

TERAPEUTA: Pregúntale por qué está molesta.

- *Mostramos curiosidad.*

PETE: Teme que estén tomando el control sobre mí.

- *Éste es el típico miedo de un protector al desbordamiento de un exiliado.*

TERAPEUTA: ¿Podría decirte algo más sobre eso?

Los miedos del protector

PETE: Teme que me dominen los sentimientos de la parte que fue criticada por mi entrenador de fútbol. Dice que nos estamos metiendo con algo que no puedo manejar.

- *Este miedo común es otra forma de describir el desbordamiento del exiliado.*

Establecer una buena relación

TERAPEUTA: ¿Cuántos años cree la parte que tienes? Y no filtres la respuesta, sólo di lo que te venga.

- *Su respuesta probablemente revelará el exiliado, la parte que está siendo protegida.*

PETE: Cree que tengo diecisiete años. Ahí fue cuando jugué al fútbol.

TERAPEUTA: Démosle la oportunidad de conocer al Pete de hoy, al Pete que no es una parte. Pídele que te mire a los ojos y te haga saber a quién ve.

- *El contacto visual es una gran estrategia para detectar partes, o el Self. (Los autores agradecen a Mike Elkin esta intuición).*

PETE: Vaya, está realmente sorprendido. No tenía ni idea de que soy mayor.

TERAPEUTA: ¿Cómo te responde?

PETE: Me ve pero todavía piensa que los sentimientos son demasiado intensos para mí.

- *Este protector ha percibido a Pete como un adulto, pero aún no está en conexión con el Self de Pete.*

Acceso directo

TERAPEUTA: ¿Puedo hablar directamente con la parte que se sintió criticada por el entrenador? Le pediré que no abrume.

- *El terapeuta se ofrece a abordar la preocupación del protector (que el exiliado abrume) hablando directamente con la parte exiliada. Como alternativa, el terapeuta podría haber optado por presentar la parte al Self de Pete, y hacer que Pete le pidiera a la parte exiliada que no abrumase. Ambas opciones son buenas, pero el acceso directo a menudo es más rápido.*

PETE: Eso sería genial.

TERAPEUTA: Bien, quiero hablar directamente con la parte que fue criticada por el entrenador de fútbol. ¿Estás ahí?

PETE: Sí.

- *Responde el exiliado.*

TERAPEUTA: He oído que tienes sentimientos intensos, ¿es eso correcto?

PETE: Sí.

TERAPEUTA: Nosotros podemos ayudar. Si no tomas el control de Pete, podrás mostrarle lo que pasó y te ayudaremos a descargar este dolor para siempre.

PETE: ¿Cómo?

TERAPEUTA: Si dejas de abrumar a Pete, la parte preocupada será capaz de relajarse y entonces Pete podrá ayudarte, el Pete que no es una parte. ¿Quieres intentarlo?

PETE: Me gustaría. Pero no estoy seguro de poder hacerlo.

- *Los exiliados son capaces de separarse, pero no están acostumbrados a hacerlo voluntariamente porque asocian separarse con estar exiliados.*

TERAPEUTA: Está bien. Vamos a practicar.

- *La práctica normaliza esta nueva posibilidad de estar separados pero en relación.*

PETE: De acuerdo.

TERAPEUTA: Puedes empezar compartiendo sólo un poquito de tus sentimientos a la vez. Digamos un diez por ciento o, si lo prefieres, un par de gotas.

- *Éstas son dos maneras en las que una parte exiliada puede compartir sus sentimientos lentamente. Otra forma es usar la imagen de un botón de volumen que se puede girar para subir o bajar el volumen. (Los autores agradecen a Michi Rose la técnica de «pocas gotas a la vez»).*

TERAPEUTA (continuación): ¿Estás lista?

PETE: Sí.

TERAPEUTA: Genial. Déjame preguntarle a Pete primero. Pete, ¿has oído eso?

- *Incorporamos al Self del cliente a la conversación.*

PETE: Sí.

TERAPEUTA: ¿La parte preocupada también se enteró?

PETE: Sí.

TERAPEUTA: ¿Estáis preparados ambos para que esta parte comparta el diez por ciento de sus sentimientos?

- *Pedimos permiso.*

PETE: Sí.

TERAPEUTA: De acuerdo. Pete y la parte preocupada están listos para que compartas con él el diez por ciento de tus sentimientos. Adelante... Avísame cuando lo sientas, Pete.

- *Practicamos.*

PETE: Lo estoy sintiendo.

TERAPEUTA: ¿Está bien este nivel de sensación?

PETE: Sí.

Establecer una buena relación

TERAPEUTA: Hazle saber a la parte que hasta ahora está bien. ¿Cómo es para la parte compartir esto contigo?

PETE: Siente un poco de alivio.

TERAPEUTA: Genial. ¿Te apetece seguir adelante? Hazle saber qué porcentaje de sentimientos puede compartir ahora contigo. Podemos ir muy despacio. Avísame cuando estés listo para parar y hablar de cómo es para ti estar juntos.

- *Facilitamos la relación con el Self de Pete.*

* * *

Como ilustra este ejemplo, obtenemos permiso para hablar con el exiliado para pedirle que deje de abrumar a cambio de conseguir ayuda. El Self del terapeuta también ayuda a que el sistema del cliente se sienta lo suficientemente seguro para experimentar.

CIENCIA: ABORDANDO LOS MIEDOS Y TRABAJANDO CON LOS EXTREMOS

El último paso con los protectores consiste en comprender su miedo, que está en la base de su resistencia al cambio. Les preguntamos: «¿Qué temes que pasaría si no hicieses más este trabajo?» porque la respuesta revela la herida («Estaría sólo») o una polarización («la parte suicida tomaría el control»). Si somos demasiado críticos o insistentes y exigentes con los protectores, su miedo se intensificará de forma natural y su comportamiento se enquistará aún más. En este sentido, la neurociencia puede recordarnos cómo preparar intervenciones terapéuticas para obtener el mejor efecto.

Creemos que es importante evaluar si el síntoma (la parte protectora) tiene sus raíces en la *activación simpática* o en la *inmovilización parasimpática*. Por ejemplo, la rabia, el pánico, los *flashbacks* y el consumo de alcohol compulsivo están asociados generalmente con la activación y tienen sus raíces en el sistema nervioso simpático, mientras que el entumecimiento, la disociación y el sentimiento de vergüenza o el ser muy intelectual están asociados con el embotamiento y el retraimiento, que están arraigados en el sistema nervioso parasimpático. Algunas reacciones pueden significar híper o hipoactivación y necesitan ser resueltas antes de decidirse por una intervención. Por ejemplo, una parte suicida puede ser intensa e impulsiva (hiperactivación) o buscar tranquilamente una salida para evitar el dolor (hipoactivación).

Nosotros, los terapeutas, siempre debemos ser conscientes de la reactividad de nuestras propias partes y mantenerlas bajo control. Por ejemplo, cuando te activas, ¿te pones nervioso, racional o controlador? Cuando un cliente se retira, ¿te esfuerzas demasiado? ¿Te desconectas? ¿O te enfadas? No importa lo que notes en tus reacciones, si eres capaz de ayudar a tus partes a relajarse y confiar en que tu Self está presente con el cliente, las cosas saldrán bien de forma natural.

MANEJAR LA ACTIVACIÓN

Como sabemos, la hiperactivación indica peligro y moviliza el cuerpo, despierta sentimientos intensos y desactiva las áreas del cerebro que son responsables de evaluar, atender y responder apropiadamente a nuestra experiencia. Frente a la hiperactivación debemos mantener la calma, ser racionales y no reactivos para poder ayudar a nuestros clientes a poner sus sentimientos en palabras y ganar perspectiva sobre su estado actual. Cuando los clientes no pueden separarse de una parte activada, nosotros hablamos directamente con la parte (acceso directo) y nos convertimos en el cerebro auxiliar (el Self del sistema), escuchando a la parte y abordando sus preocupaciones.

Hacemos una aproximación a la hiperactivación simpática del cliente *de arriba abajo* (accedemos a lo cognitivo primero y luego vamos a los sentimientos y, por último, a las sensaciones físicas) (Anderson, 2016). Estamos ahí para ofrecer una respuesta razonable, transmitiéndole confianza y claridad cuando está abrumada. Demostramos fuerza, pero no intentamos controlar su parte activada.

Si un cliente tiene por lo menos cierta conciencia de estar activado, puede usar intervenciones fuera de la consulta consistentes diversas estrategias simples de arriba hacia abajo para ayudarle a cambiar de estado. Puede, por ejemplo, verificar su correo electrónico, ver la televisión, leer un libro o hablar con un amigo.

Nosotros le decimos: «Sobre todo, cuando tus partes protectoras estén activadas, no tomes decisiones ni hagas nada con respecto al problema en cuestión, espera hasta que tu cerebro se asiente y tus partes te den el espacio para tener perspectiva de nuevo».

MANTENER LA CALMA Y AYUDAR A UNA PARTE ENFADADA A SEPARARSE

John vino a una sesión enojado con su pareja e impaciente por hablar de una discusión de la noche anterior.

JOHN: ¡Estoy muy enfadado con ella! Constantemente pone a nuestro hijo Jake en medio de todo, forzándolo a elegir entre nosotros. ¿Por qué no se da cuenta de lo destructivo que es esto?

TERAPEUTA: Suena duro. Y basándome en tu historia, supongo que esta dinámica es particularmente desafiante para ti.

- *Validamos.*

JOHN: Me dan ganas de matarla o de suicidarme. No puedo decidir qué hacer primero.

- *Una parte asustada se activa en el terapeuta, quien en silencio le pide a la parte que se relaje.*

Encontrar y centrarse

TERAPEUTA: Veo que estás realmente enfadado. Me pregunto si tu parte enojada se separaría un poco.

- *Pedimos a una parte hiperactiva que se separe.*

JOHN: ¿Hablas en serio? Supongo que no puedes manejar mis sentimientos mejor de ella.

- *La parte enojada no está dispuesta a separarse, lo que no es inusual en las partes enojadas.*

Acceso directo

TERAPEUTA: Creo que estoy hablando directamente con la parte del enojo, ¿verdad? Por mí está bien. Entendí que estás enojado porque el hijo de John está en medio, tal como John estaba con su madre y su padre, ¿es eso cierto?

- *Pasamos directamente al acceso directo con la parte enfadada, y John se sienta en su silla.*

TERAPEUTA (continuación): Si puedes bajar un poco la intensidad, te prometo que a John se le ocurrirá una solución viable.

- *Negociamos con la parte enojada, ayudándola a separarse un poco de John. Después de unos momentos, los hombros de John se relajan y su cabeza se inclina.*

JOHN: Sé que tienes razón. Gracias por quedarte conmigo.

- *La parte enojada ha hecho espacio para el Self de John y su activación simpática desciende.*

* * *

Esta viñeta ilustra la necesidad del terapeuta de ir revisando sus propias partes mientras ayuda a que las partes reactivas del cliente se separen. El terapeuta pasa a hacer acceso directo para permanecer liderado por el Self y estar disponible para una parte enojada y amenazante que no está dispuesta a separarse inmediatamente. Mostrarse confiado y encontrarse con la parte de frente sin tratar de controlarla ayuda a la parte a relajarse.

ESTAR CALMADO Y NO REACCIONAR CUANDO UN CLIENTE ESTÁ HIPERACTIVADO

Noah se sienta e inmediatamente comienza a describir una interacción con su hijo adolescente durante el fin de semana.

NOAH: Estaba muy enfadada con él. Realmente perdí el control. Yo había sido muy clara sobre las reglas. Cuando no estamos en casa, no quiero amigos en la casa sin nuestro permiso y absolutamente nada de beber. Recibí una llamada de la policía porque nuestro vecino se quejó del ruido que venía de nuestra casa. Me puse como loca.

TERAPEUTA: Puedo ver lo disgustada que estás cuando cuentas la historia ahora.

NOAH: ¿Tú no estarías enfadado? Todavía estoy muy abochornada.

TERAPEUTA: Por supuesto que esta situación me molestaría. Haz saber a tu parte enfadada que su reacción tiene sentido.

- *Validamos la parte.*

NOAH: Me alegro de que lo entiendas.

Encontrar y centrarse

TERAPEUTA: Si la parte enojada está dispuesta a separarse aunque sólo sea un poquito, podemos oírla aún mejor.

- *Diferenciación.*

NOAH: ¿No tienes miedo de mis sentimientos?

TERAPEUTA: No, en absoluto. Sé que tus sentimientos tienen información importante para nosotros.

- *Continuamos validando la parte. Después de un momento, la voz y la postura corporal de Noah se suavizan.*

NOAH: Nadie podía tolerar mis sentimientos cuando era niño. Yo nunca le haría daño a nadie. Sólo siento las cosas intensamente.

Establecer una buena relación

TERAPEUTA: Hazle saber a la parte enojada que aceptamos sus sentimientos s y que queremos escucharlo todo.

- *Acogemos a una parte que alarma a los demás y que ha experimentado la desaprobación.*

* * *

Las partes enojadas son particularmente sensibles al rechazo y están acostumbradas a él. Pero como ilustra este ejemplo, se calman y a menudo se sienten agradecidas cuando son recibidas con genuina preocupación e interés.

ACCEDER A LA MENTE COGNITIVA CUANDO UN CLIENTE ESTÁ HIPERACTIVADO

El terapeuta va a la sala de espera a buscar a Tina para su cita de la 1:00 p. m. Es obvio que está ansiosa. El terapeuta la saluda y mientras se dirigen de vuelta a la oficina, Tina comienza a hablar, sin poder esperar.

TINA: ¡Mi marido tiene una aventura!

TERAPEUTA: Cuando lleguemos a la oficina puedes contarme más.

TINA: ¡Dios mío, estoy destrozada!

TERAPEUTA: Ya casi llegamos. Quiero que me cuentes lo que está pasando.

- *El terapeuta cierra la puerta de la oficina.*

TERAPEUTA (continuación): Dime qué sucede.

TINA: Anoche vi un mensaje de texto de una mujer en su teléfono.

TERAPEUTA: ¿Y qué decía?

TINA: No puedo esperar a verte mañana.

TERAPEUTA: ¿Eso es todo?

TINA: Sí. ¿Quién es esta mujer? ¿Por qué me está engañando?

Acceso directo implícito

TERAPEUTA: Vayamos más despacio y resolvamos esto juntos. ¿Le preguntaste sobre el texto?

- *En lugar de pedir hablar con la parte presa del pánico de Tina, el terapeuta simplemente comienza a hablar con esta parte directamente, actuando como el Self del sistema terapéutico. A diferencia del «acceso directo explícito», en el que nosotros pedimos permiso para hablar con la parte directamente, llamamos a esta otra forma «acceso directo implícito».*

TINA: No, por supuesto que no. Entonces sabrá que lo sé.

TERAPEUTA: ¿Viste algún otro mensaje de texto de esta persona?

TINA: No.

TERAPEUTA: ¿Qué te hace estar segura de que tiene una aventura?

TINA: ¿Qué más puede ser?

Encontrar

TERAPEUTA: Bueno, podría ser un colega del trabajo. Podría ser un viejo amigo o alguien con quien tu marido planea reunirse de forma platónica. ¿Quién sabe? Pero veo que tienes una parte realmente activada y me pregunto si estaría dispuesta a darte un poco de espacio.

TINA: ¿Cómo puedo relajarme cuando todo mi matrimonio está en juego?

Ir al interior

TERAPEUTA: Entiendo que esta parte no quiere relajarse ahora mismo. ¿Puedo hacer una pregunta? ¿Oyes alguna otra parte que tenga una perspectiva diferente?

- *Tina escucha internamente y su cuerpo se relaja.*

TINA: Bueno, en realidad, mientras conducía hacia aquí hoy, se me ocurrió que esto podría ser un malentendido.

TERAPEUTA: ¿Qué es lo que esa parte quiere que sepas?

* * *

Como ilustra este ejemplo, incluso cuando las percepciones de algunas partes están seriamente sesgadas por experiencias pasadas, podemos preguntar por otras perspectivas internas. Partes que están más tranquilas, junto con el Self del cliente, están allí y podrán contribuir con sus observaciones una vez que las partes presas del pánico obtengan ayuda para separarse un poco.

Estrategias de arriba a abajo para separar la activación simpática

1. Proporciona una perspectiva racional. Ayuda al cliente a encontrar sentido a su reacción.
2. Valida la experiencia del cliente y pon los sentimientos en palabras: «Supongo que te sientes...».
3. Sé claro, mantente centrado y expresa cuidado (compasión).
4. Si estas estrategias no ayudan a la parte a separarse, continúa con acceso directo. (Anderson, 2016)

MANEJAR LA CONGELACIÓN

En el extremo opuesto del espectro, cuando el peligro creciente activa la rama dorsal del sistema nervioso parasimpático, apagando varias estructuras clave del cerebro, la hipoactivación hace que el cliente se desconecte de su cuerpo, de sus sentimientos y de su mente racional (Anderson, 2016). Esto indica un mayor riesgo de daño grave.

La hipoactivación, un estado de sobreinhibición (Lanuis, 2010), exige un conjunto muy diferente de intervenciones terapéuticas. Originándose en estructuras cerebrales más bajas y primitivas, la hipoactivación se da en un continuo, desde un cliente que tiene poco acceso a las sensaciones corporales pero que todavía puede identificar emociones y pensamientos, hasta otro cliente completamente desconectado del cuerpo y de los sentimientos pero que tiene acceso al intelecto (Anderson, 2016). Los clientes altamente cognitivos a menudo operan principalmente desde sus partes intelectuales, pero están desconectados de las sensaciones y los sentimientos. Con la hipoactivación utilizamos intervenciones de abajo arriba, centrándonos primero en las sensaciones corporales, después en los sentimientos y finalmente en las creencias para ayudar a estas partes a separarse.

Aquí tienes algunas preguntas que te ayudarán a evaluar el nivel de embotamiento de un cliente.

- «¿Eres consciente de que tus pies tocan el suelo?».
- «¿Puedes respirar hondo?».
- «¿Puedes mirarme?».
- «¿Puedes poner en palabras lo que sientes ahora mismo?».

En respuesta a la inmovilización, queremos dar a las partes alarmadas tanto tiempo, espacio y control como necesiten, porque se requiere más tiempo para recuperarse de la inmovilización que de la activación (Porges, 2011). Si el cliente parece totalmente apagado, nos convertimos de nuevo en el cerebro auxiliar y utilizamos acceso directo, lo que ayuda al cliente a cambiar más rápidamente a un estado de atención plena.

REDUCIR LA VELOCIDAD Y USAR ACCESO DIRECTO CON LA HIPOACTIVACIÓN

Cuando Ariel estaba en medio de una sesión, la puerta de la consulta se abrió y una voz fuerte preguntó, «¿Dónde está la oficina del doctor Johnson? Es la primera vez que vengo y estoy perdido».

Ariel se congeló, la puerta se cerró.

El terapeuta es el Self del sistema terapéutico

TERAPEUTA: ¿Te encuentras bien? ¿Puedes oírme, Ariel? ¿Puedes mirarme?

- *No hay respuesta, lo que indica al terapeuta que su sistema nervioso parasimpático dorsal está activado.*

TERAPEUTA (continuación): ¿Puedes decirme qué está pasando dentro ahora mismo? Veo que estás en dificultades. ¿Puedes respirar hondo?

- *La continua falta de respuesta de Ariel indica al terapeuta que se ha congelado y que no se siente segura.*

TERAPEUTA (continuación): ¿Puedes mover el dedo?

- *Lo hace.*

TERAPEUTA (continuación): Genial.

- *Como puede mover su cuerpo, significa que no está totalmente desconectada; el terapeuta comienza a hablar directamente con la parte del cliente que ha tomado el control.*

Acceso directo

TERAPEUTA (continuación): Voy a hablar con la parte que ha tomado el control. Yo estoy aquí. Estoy contigo. No voy a presionarte de ninguna manera. Podemos tomarnos todo el tiempo que necesites para que te sientas segura. Tú mandas y confío en ti.

- *Después de unos minutos, Ariel toma aliento y el terapeuta sabe que ha vuelto. Se recompone y mira a su alrededor.*

ARIEL: Me metí en el armario. Estaba oscuro y silencioso y podía oírte a lo lejos, pero pensé que si me quedaba callada nadie me encontraría.

* * *

Como vemos aquí, algunos clientes con antecedentes traumáticos entran en un estado de embotamiento parasimpático en respuesta a una amenaza. Sabemos que una parte ha hecho una acción evasiva internamente, y si le hablamos directamente, tranquilizándola sin ejercer ningún tipo de presión, el cliente podrá volver.

La hipoactivación parasimpática requiere estrategias de abajo arriba que ayuden a los clientes a separarse y a cambiar de estado. Estar demasiado activo, demasiado involucrado ser demasiado directo, puede asustar a la parte y hacer que se hunda más en la desconexión. Las estrategias fuera de la consulta para la hipoactivación están basadas en emociones o en el cuerpo, tales como ir a dar un paseo o a correr, probar algunas posturas de yoga, jardinería, tener relaciones sexuales, escuchar música o ver una película llena de emociones.

Estrategias de abajo arriba para separar el retraimiento parasimpático

1. Evalúa el nivel de congelación de tu cliente: «¿Puedes oírme? ¿Puedes respirar hondo?».
2. Ayuda a los clientes a sentir su reacción (no a darle sentido) centrándose primero en el cuerpo, luego en la mente y por último en las creencias.
3. Expresa conexión y cuidado (empatía).
4. Abandona cualquier plan o propósito: reduce la velocidad, expresa confianza.
5. Si estas estrategias no tienen éxito, pasa a hacer acceso directo. (Anderson, 2016)

Ejercicio

LAS PARTES DEL TERAPEUTA CON PROTECTORES EXTREMOS

INSTRUCCIONES: Intenta este ejercicio con un cliente cuyas «partes activadas» te disparan y con un cliente cuyas «partes con embotamiento» te disparan.

Piensa en un cliente que te dispare.

- Imagínate a esta persona.
- Pon a la persona en una habitación que tenga una ventana y una cerradura en la puerta.
- Quédate fuera de la habitación, mirando a tu cliente por la ventana.
- Ahora mira al cliente hacer lo que te dispara.

Fíjate en las partes que se activan y escríbelas aquí:

Averigua si tus partes disparadas están dispuestas a separarse lo suficiente para que puedas escucharlas claramente.

Nota si las partes de tu cliente parecen activadas (hiperactivadas) o congeladas (embotadas).

Nota si tus partes se activan o se congelan en respuesta a las partes de tu cliente.

Ahora pídele a tus partes que se queden detrás de ti por un momento y observen mientras tu Self se queda con tu cliente viendo como sus partes hacen aquello que resulta disparador.

¿Cómo ha sido para tus partes presenciar cómo tu Self estaba con tu cliente en ese momento?

¿Estarían tus partes dispuestas a dejarte estar con tu cliente la próxima vez que lo veas?

____

____

Cuando hayas terminado, invita a tu cliente a salir de la habitación y agradéceles a tus partes que se hayan mostrado para compartir su experiencia contigo.

ACCESO DIRECTO

Los clientes que han experimentado una ruptura extrema del apego a menudo tienen protectores (y a veces exiliados) que no confían en nadie. Estas partes frecuentemente esconden el Self profundamente dentro o fuera del cuerpo para salvaguardarlo. Para sentirse cómodos con la terapia, necesitan reconocimiento, control y una relación directa con el terapeuta. Sabemos que éste es el caso cuando los protectores no se separan o se niegan a hablar, o cuando los exiliados abruman repetidamente al cliente.

Cómo se diferencia el acceso directo de la comunicación interna

A diferencia de la comunicación interna, que es una conversación a tres bandas entre el terapeuta, el Self del cliente y las partes del cliente, el acceso directo es una conversación bidireccional. El Self del terapeuta habla directamente con la parte diana del cliente, preguntando periódicamente si la parte permitirá que el Self del cliente entre en la conversación.

En la conversación bidireccional del acceso directo, no necesitamos dar los primeros cuatro pasos (encontrar, centrarse, describir, sentir hacia), simplemente empezamos con el Self del terapeuta hablando con una parte del cliente. Cuando utilizamos el acceso directo comenzamos en el 5.º paso: establecemos una buena relación con la parte antes de seguir explorando sus temores en el 6.º paso.

Cómo hacer acceso directo

Para empezar, el terapeuta pide permiso para hablar con la parte. Para este ejemplo usamos una parte disociativa.

- «¿Puedo hablar directamente con la parte que se te lleva?».
- El cliente asiente con la cabeza.
- «Genial. Quiero hablar con la parte que se lleva a Margaret. ¿Estás ahí?».

EL 5.º PASO: ESTABLECER UNA BUENA RELACIÓN CON LA PARTE

Entonces queremos saber de esa parte diana y desarrollar una relación amistosa con ella.

- «¿Qué haces por Margaret?».
- «¿Cómo conseguiste el trabajo de llevártela?».
- «¿A quién proteges?».
- «¿Qué quieres que Margaret sepa de ti?».
- «¿Cómo te sientes respecto a hacer este trabajo?».
- «¿Por cuánto tiempo has hecho este trabajo?».
- «¿Cuántos años tienes?».

6.º PASO: LOS MIEDOS

Y, finalmente, preguntamos sobre los miedos de los protectores, el principal obstáculo para el progreso de la terapia.

- «¿Qué te preocupa que pasaría si dejaras de hacer este trabajo?».

Como mencionamos en relación con despertar los miedos cuando utilizamos la comunicación interna, los protectores tienen un número de preocupaciones habituales:

1. La parte desaparecerá si no se la necesita en este trabajo.
2. La terapia terminará y la relación con el terapeuta se perderá si los protectores permiten que el Self del cliente aparezca.
3. Un secreto será revelado.
4. El cliente se sentirá abrumado por el dolor.
5. El terapeuta no podrá manejar el dolor del exiliado.
6. Un protector polarizado tomará el control si esta parte se relaja.
7. La energía del Self es peligrosa y atraerá el castigo.
8. No existe el Self.
9. El terapeuta —u otras partes— juzgarán a este protector por el daño que ha hecho.
10. El cambio desestabilizará el sistema interno del cliente.

Cuando hacemos acceso directo, escuchamos hasta que entendemos el papel de la parte en el sistema y luego validamos la importancia de su labor, que fue crucial para la supervivencia en algún momento en el tiempo, por muy perjudiciales que resulten ahora sus efectos. A continuación se presentan tres ejemplos de acceso directo:

- El primero ilustra el acceso directo de forma llana y simple.
- El segundo ilustra cómo pasamos de la comunicación interna al acceso directo.
- El tercero ilustra cómo utilizamos el acceso directo con protectores polarizados que se niegan a separarse unilateralmente.

LLEGAR A CONOCER A UN PROTECTOR CON ACCESO DIRECTO

TERAPEUTA: ¿Puedo hablar directamente con la parte que evita las fiestas?

CLIENTE: Sí.

TERAPEUTA: De acuerdo.

- *Habiendo obtenido el permiso, el terapeuta ahora se dirige a la parte directamente.*

TERAPEUTA (continuación): Me gustaría hablar con la parte que evita las fiestas. ¿Estás ahí?

PARTE EVITATIVA: Sí.

Los temores de los protectores

TERAPEUTA: ¿Qué temes que podría suceder si dejas que Joe vaya a las fiestas?

PARTE: Primero se avergonzaría a sí mismo y luego se criticaría durante días.

- *La parte evitativa está nombrando otras partes.*

TERAPEUTA: ¿Quieres decir que él tiene una parte que se sentiría avergonzada y otra que lo criticaría?

PARTE: No. Quiero decir que tiene una parte que lo avergonzaría y otra que lo criticaría después.

TERAPEUTA: Ya veo. ¿Qué haría la parte embarazosa?

PARTE: Cotorreo. Hablar demasiado. Decir algo equivocado. Asustar a la gente.

TERAPEUTA: ¿Dejarías que Joe averiguara más sobre la parte embarazosa si ésta prometiera no tomar el control sobre Joe?

- *El terapeuta quiere saber más sobre esta parte embarazosa. ¿Es un exiliado que, buscando ayuda, revela detalles íntimos sobre la vida de Joe a extraños? ¿Es un protector con un propósito, como tratar de reclutar gente para que se ocupe del exiliado de Joe?*

PARTE: Supongo que sí. Aunque no sé por qué debería molestarse en hacerlo.

- *La parte evitativa tiene claramente una visión negativa de la parte «embarazosa».*

TERAPEUTA: Podría ayudar a la parte embarazosa averiguando si está protegiendo a alguien más o si necesita ayuda.

PARTE: Mmmm. No había pensado en eso.

TERAPEUTA: Con tu permiso, puedo mostrarle a Joe cómo ayudar a la parte embarazosa cualquiera sea el caso. Y si no funciona, puedes seguir evitando las fiestas.

PARTE: De acuerdo, puedes intentarlo.

* * *

Al principio, probar el acceso directo con clientes puede resultar extraño y un poco incómodo, pero es una buena manera de conocer los miedos de los protectores, particularmente cuando se trata de protectores que son recelosos y es poco probable que cedan el control. Como aprendemos aquí, la parte evitativa de Joe tenía buen ojo para detectar otras partes extremas, así que hablar con ella directamente reveló una dinámica interna crucial, a la que no habíamos podido acceder con la comunicación interna.

PASAR DE LA COMUNICACIÓN INTERNA AL ACCESO DIRECTO

Encontrar: comunicación interna

TERAPEUTA: Tienes una parte a la que le gusta tener el control y se ve a sí misma como si fuese tú. Siento que está al volante ahora mismo. ¿Eres consciente de ello?

- *Comprobación de hasta qué punto la parte está mezclada con el cliente.*

GABRIELA: En realidad, no. Simplemente siento que soy yo.

- *La parte está altamente mezclada.*

Pasando al acceso directo

TERAPEUTA: Escuché eso. Supongo que esta parte está muy activa en tu vida. Me pregunto si estarías dispuesto a dejarme hablar con ella directamente para que podamos entender mejor sus intenciones.

GABRIELA: Claro que sí. No me doy cuenta de que es una parte.

Acceso directo

TERAPEUTA: Gracias. Así que quiero hablar con la parte de Gabriela que dirige su vida diaria y mantiene las cosas bajo control. ¿Estás ahí?

LA PARTE DIRECTIVA DE GABRIELA: Alguien tiene que estar al mando.

TERAPEUTA: Cuéntame más sobre esto.

LA PARTE DIRECTIVA DE GABRIELA: Bueno, alguien tiene que dar un paso al frente y hacer las cosas.

Establecer una buena relación

TERAPEUTA: Así que tú eres la parte que da un paso al frente para dirigir las cosas, ¿no es así?

LA PARTE DIRECTIVA DE GABRIELA: Sí, alguien tiene que hacerlo.

TERAPEUTA: ¿Qué quieres decir con que alguien tiene que hacerlo?

LA PARTE DIRECTIVA DE GABRIELA: Ella se siente abrumada todo el tiempo. Tiene dificultades para manejarlo prácticamente todo y simplemente revisa las cosas.

TERAPEUTA: ¡Entiendo! Parece que tienes un trabajo importante. ¿Puedes decirme dónde te encuentras, dentro o alrededor del cuerpo de Gabriela?

- *Validamos la parte y luego la ubicamos en el cuerpo del cliente.*

LA PARTE DIRECTIVA DE GABRIELA: Estoy en todas partes. Tengo que estar en todas partes. Pero sobre todo estoy en su cabeza, supongo. Como he dicho antes, alguien tiene que estar al mando.

Los miedos de los protectores

TERAPEUTA: ¿Qué pasaría si no dirigieras las cosas y las mantuvieras bajo control?

LA PARTE DIRECTIVA DE GABRIELA: Ni siquiera podría imaginarme no estar dirigiendo las cosas. He estado al cargo durante mucho tiempo.

Establecer una buena relación

TERAPEUTA: Me lo estaba preguntando. ¿Sabes cuándo fue la primera vez que aceptaste este trabajo?

LA PARTE DIRECTIVA DE GABRIELA: ¡No te atrevas a meter la pata!

TERAPEUTA: ¿Quién ha dicho eso?

LA PARTE DIRECTIVA DE GABRIELA: Su papá le grita todo el tiempo. Lo hizo mal o no es tan buena ni tan inteligente como su hermana mayor. Estuvo en el Ejército antes de conocer a su madre y era muy estricto.

TERAPEUTA: Esto tiene mucho sentido. Déjame ver si lo estoy entendiendo bien. Tú eres la parte de Gabriela que dirige las cosas y las mantiene bajo control, siempre tratando de hacer lo correcto para que la niña a quien su padre gritaba y criticaba no cometa más errores. ¿Es eso cierto?

- *Exploramos su trabajo.*

LA PARTE DIRECTIVA DE GABRIELA: Exactamente. Alguien tenía que ayudarla.

TERAPEUTA: Lo entiendo perfectamente. Tuviste un papel muy importante en evitar que esa niña se metiera en problemas.

- *Validamos el trabajo de la parte.*

LA PARTE DIRECTIVA DE GABRIELA: Lo has entendido.

TERAPEUTA: ¿Qué tal si te dijera que hay otra manera de resolver este problema y que tú no tendrías que seguir trabajando tan duro? ¿Te interesaría saber más?

- *Invitamos a la parte a probar algo nuevo.*

LA PARTE DIRECTIVA DE GABRIELA: Ni siquiera puedo imaginarme no hacer este trabajo para ella.

TERAPEUTA: Bueno, eso depende completamente de ti. Pero si nos das acceso a la niña, Gabriela puede ayudar a curar esas heridas y mantenerla a salvo para que no tengas que seguir haciendo este trabajo.

LA PARTE ADMINISTRADORA DE GABRIELA: Eso sería genial, pero dudo que sea posible.

TERAPEUTA: Entiendo. Sé cómo hacerlo, pero necesito tu permiso para acceder a la niña.

- *Expresamos confianza y obtenemos permiso.*

LA PARTE DIRECTIVA DE GABRIELA: Estoy abierta a eso.

TERAPEUTA: Genial. Aprecio que compartas todo esto conmigo. Es de gran ayuda.

LA PARTE DIRECTIVA DE GABRIELA: Me alegro de que alguien estuviera dispuesto a escuchar.

Regresar a la comunicación interna

TERAPEUTA: ¿Te apetece traer a Gabriela de vuelta? Gabriela, ¿has oído todo eso?

GABRIELA: Guau, sí lo he oído. No tenía ni idea de que esa parte estaba tratando de proteger a esa niña. ¡Se lo agradezco!

TERAPEUTA: Házselo saber.

GABRIELA: A ella le gusta el reconocimiento.

* * *

Cuando utilizamos el acceso directo porque un protector se obstina en permanecer mezclado, tenemos una oportunidad especial para establecer un buen vínculo con él. Incluso las partes silenciosas a menudo hablan libremente cuando son invitadas. Como vemos con Gabriela, los protectores más testarudos son también a menudo los más vigilantes y heroicos.

UTILIZANDO EL ACCESO DIRECTO CON PROTECTORES POLARIZADOS QUE NO SE SEPARAN

El novio de Camille, con el cual había tenido una relación intermitente con idas y venidas, llamó desde otro estado un día de primavera para pedirle matrimonio. Ella estaba caminando al aire libre durante un descanso para almorzar. Explicó cómo se había parado en medio de la calle gritándole al teléfono, mientras los peatones y algunos colegas del trabajo pasaban por su lado y miraban sorprendidos y perplejos.

CAMILLE: ¿Quién se cree que es?

- *Camille está mezclada con la parte de la ira ahora mismo.*

Encontrar

TERAPEUTA: ¿Quién necesita tu atención, Camille?

CAMILLE: Es un gilipollas. Me mudé al otro lado del país para estar con él, y ahora que he regresado aquí, ¡va y me llama para proponerme matrimonio!

- *La parte enojada ignora la invitación.*

TERAPEUTA: ¿Esta parte?

- *El terapeuta continúa invitando a intervenir al Self del cliente.*

CAMILLE: Estoy muy avergonzada. ¿Sabes cuánta gente estaba frente a mi edificio caminando el lunes por la mañana? Era un día precioso. ¡Era la hora del almuerzo!

- *Ahora habla un protector polarizado, un crítico interno.*

TERAPEUTA: ¿Esa otra parte?

- *El terapeuta vuelve a invitar al Self del cliente a que intervenga.*

CAMILLE: No voy a conseguir ese ascenso. Ya puestos podría haberme tirado al suelo para que me pisotearan, no hubiese sido peor.

- *La parte crítica también ignora la invitación del terapeuta.*

TERAPEUTA: Oigo dos partes, y estoy bastante seguro de que ya las hemos oído antes. Está la parte que está enfadada con Matthew y está la parte que te regaña por estar enfadada. ¿Cuál de las dos necesita tu atención primero?

- *El terapeuta nombra la polaridad y de nuevo invita al Self del cliente, lo que, por supuesto, requiere que las partes estén dispuestas a separarse.*

CAMILLE: Es un hijo de perra inútil. Voy a borrar su contacto de mi teléfono.

- *La parte enojada interviene de nuevo. Ninguna de estas partes está dispuesta a separarse.*

Acceso directo

TERAPEUTA: ¿Qué te parece si hablo con estas partes directamente? Quiero hablar con la parte que está enfadada con Matthew y con la parte que critica a Camille por estar enfadada. ¿Están los dos ahí?

CAMILLE: Sí

TERAPEUTA: ¿Estarían dispuestas a turnarse?

- *El terapeuta les pide que cooperen.*

CAMILLE: Claro.

Acceso directo con dos partes

Primera parte

TERAPEUTA: Quiero hablar con la parte que critica a Camille primero. ¿Qué te preocupa que pudiera suceder si dejaras de hacer eso?

- *El terapeuta elige hablar con el crítico primero ya que la parte enojada probablemente no cooperará hasta que el crítico lo haga.*

EL CRÍTICO DE CAMILLE: Alejaría a todo el mundo.

TERAPEUTA: Eso sería malo. No queremos que ahuyente a todo el mundo. Si ella pudiera ayudar a la parte que se siente herida y ella no se enfadase tanto, ¿necesitarías criticarla de esa manera?

- *El terapeuta valida las preocupaciones del crítico y ofrece una nueva opción.*

EL CRÍTICO DE CAMILLE: Ella siempre se enfadará.

- *El crítico no reconoce al Self del cliente y sólo parece ver la parte enojada.*

TERAPEUTA: Voy a hablar con la parte de la ira en un minuto. Pero no me refería a ella. Estoy hablando de Camille, la Camille que no es una parte. Ella puede ayudar a la parte enojada y a la parte que se siente herida. ¿Tú la conoces?

- *El terapeuta introduce la idea de que Camille tiene un Self.*

EL CRÍTICO DE CAMILLE: No.

- *El terapeuta afirma que el Self puede ayudar a ambos protectores por igual.*

TERAPEUTA: ¿Qué te parece si hablo con la parte enfadada ahora y así después tú y la parte enfadada os podéis reunir con la Camille que no es una parte?

EL CRÍTICO DE CAMILLE: De acuerdo.

Segunda parte

TERAPEUTA: Gracias. Ahora quiero hablar con la parte enfadada. ¿Estás ahí?

PARTE ENFADADA DE CAMILLE: Sí.

TERAPEUTA: ¿A quién proteges?

PARTE ENFADADA DE CAMILLE: A Camille.

TERAPEUTA: ¿Cuántos años tiene?

- *La respuesta «Camille» significa que la parte enojada protege a un exiliado.*

PARTE ENFADADA DE CAMILLE: Dieciséis.

TERAPEUTA: Así que hay una chica de dieciséis años que necesita ayuda. Si tú das permiso, el núcleo de Camille, la Camille que no es una parte, puede ayudarla. Así tú no tendrías que trabajar tan duro. ¿Te parece bien?

- *El terapeuta valida las preocupaciones de la parte enojada y ofrece una nueva opción.*

PARTE ENFADADA DE CAMILLE: Sí.

* * *

A veces, los protectores polarizados simplemente se turnan para mezclarse mientras discuten. Para el observador casual, el resultado puede parecerse a una discusión entre dos personas en conflicto que habitan el mismo cuerpo; y de hecho, así es desde la perspectiva de IFS. Una vez que las partes polarizadas de Camille aceptan, pueden encontrarse con su Self y —utilizando de nuevo la comunicación interna— Camille puede ayudar a sanar al exiliado, para que así estas dos partes puedan abandonar sus funciones de protección.

Ejercicio

ENCARNAR A UNA PARTE

INSTRUCCIONES: En primer lugar, busca una parte protectora con la que puedas ponerte en contacto e intenta el acceso directo contigo mismo encarnando a este protector. Invita a la parte a tomar el control de tu cuerpo y a mostrarte lo que hace por ti.

- La parte puede querer moverse de cierta manera.
- Puede que quiera hablar (o cantar, gritar...).
- Puede que tenga una postura o expresión facial particular que la parte quiere que notes.
  – Pregúntale a la parte si lo estás entendiendo bien.

Pregúntale cuánto tiempo te ha ayudado de esta manera.

Pregúntale qué pasaría si ella no hiciera este trabajo por ti.

Pregúntale a la parte si estás entendiendo completamente su papel o si hay algo más que quiere que sepas.

Pregúntale si tú puedes ayudar a la parte que ella protege.

Ejercicio

ACCESO DIRECTO

INSTRUCCIONES: El acceso directo es una conversación bidireccional en la que el Self del terapeuta habla directamente con la parte diana del cliente, preguntándole de vez en cuando si el Self del cliente puede ser incorporado a la conversación. En el acceso directo, el terapeuta habla a la parte.

Puedes usar el acceso directo con clientes o, para practicar, puedes realizar un *role-playing* con un colega o encarnar una de las partes protectoras de tu cliente alternando entre ser el terapeuta y el cliente, ya sea cambiando de silla o sentándote a un lado y a otro del sofá. Prueba este ejercicio con un protector.

1. «Quiero hablar con esta parte protectora directamente. ¿Estás ahí?».

   ____

2. «¿Qué haces por ____________________ (Marianne)?».

   ____

   ____

3. «¿Desde cuándo tienes este trabajo?».

   ____

   ____

4. «¿Cómo te va?».

   ____

   ____

5. «¿Qué te preocupa que podría pasar si tú pararas de hacer este trabajo?».

   ____

   ____

6. «Si pudiéramos ayudar a esa parte (la que tomaría el control y haría algo problemático si esta parte parase), ¿tú seguirías necesitando hacer este trabajo?».
7. «¿Has conocido a la ________________ (Marianne) que no es parte?».

____

____

8. «¿Te gustaría conocerla? Ella puede ayudarte a ti y a las partes que te preocupan».

____

____

9. «¿Le darás permiso a ________________ (Marianne) para ayudar a la parte que te preocupa si ella está de acuerdo en no tomar el control?».

____

____

NUESTRA INVITACIÓN A LOS PROTECTORES

Ya sea que utilicemos la comunicación interna o el acceso directo, una vez que hayamos pasado por los 6 Pasos con un protector, esperamos que él sienta que el Self del cliente comprende bien su trabajo y sus miedos. Si hemos tenido éxito hasta el momento, tenemos una buena relación con la parte y le podemos ofrecer una solución alternativa al problema subyacente del exiliado. Invitamos a los protectores que trabajan duro, cuyos esfuerzos normalmente han traído resultados ambivalentes en el mejor de los casos, a intentar algo nuevo. Como incentivo, aseguramos que *el riesgo de intentar algo nuevo que asume la parte será mínimo* («siempre puedes volver a hacer lo que haces»), que *la herida se puede sanar* y que *la parte puede estar segura con el Self del cliente.*

QUÉ DECIMOS A LAS PARTES PROTECTORAS

«Si esta niña ya no sintiera el dolor de estar sola en el mundo, ¿necesitarías protegerla?».

«Hay una manera de curarla. Y una vez curada, tú estarías libre de hacer otras cosas. ¿Te interesa?».

Las partes protectoras normalmente acogen bien la oportunidad de renunciar a los roles que se vieron forzadas a asumir en algún momento pasado. Nosotros les aseguramos que, en lugar de querer deshacernos de ellas, queremos ayudarlas a deshacerse de sus trabajos. De esta manera, les ofrecemos una nueva posibilidad y esperanza para un futuro diferente.

EL OBJETIVO DE LOS 6 PASOS PARA SEPARAR PARTES

En primer lugar, *encontramos* una parte protectora, nos *centramos* en ella, la *describimos* para ayudar a que se separe y se dé cuenta de las necesidades del Self del cliente. A continuación le preguntamos al cliente cómo se siente hacia la parte diana para ayudar a que otras partes se separen, para que así el Self del cliente esté disponible. Finalmente, establecemos una buena relación con la parte diana, exploramos sus miedos y la invitamos a probar algo nuevo. Nuestro objetivo con las partes protectoras es conseguir su permiso para acceder a las partes exiliadas y sanarlas.

SECCIÓN 4

Retos comunes en la alianza con los protectores

CUANDO LOS MIEDOS DE LOS PROTECTORES INTERRUMPEN LA CONTINUIDAD

A menudo, las partes protectoras tratan de hacer descarrilar el trabajo distrayendo a la persona. Recuerda, ellas están tratando de mantener al exiliado apartado de la mente. Si éste es el caso, y el cliente olvida lo que sucedió la sesión pasada o un protector cambia el tema para evitar volver a una parte de la sesión anterior, lo tratamos como una oportunidad.

UN PROTECTOR SE OPONE A LA CONTINUIDAD

TERAPEUTA: Me parece que tienes una parte que preferiría no volver a la parte con la que estuvimos hablando al final de la sesión pasada (nombre o descripción de la parte: la niña pequeña, el niño pequeño, el suave pájaro...). ¿Es eso cierto? ¿Estaría dispuesta la parte a decir por qué?

- *Si a la parte le preocupa que el cliente se sienta abrumado por la parte de la sesión pasada, entonces:*

TERAPEUTA: Ya veo. Eso tiene sentido. Yo tampoco querría que eso pasara. Si la niña (o el niño pequeño, o el suave pájaro...) está de acuerdo en no abrumar, ¿estaría bien que hablásemos con ella (o él) de nuevo ahora?

- *Si la parte dice que eso ya no parece importante, o algo más parece mucho más importante, entonces:*

TERAPEUTA: Ya veo. Pero tengo curiosidad. ¿Puedo preguntar por qué es tan importante prestar atención a ________________ (la preocupación actual del cliente) esta semana?

Suceda lo que suceda, mantente en el Self

Si el cliente responde que la preocupación actual es apremiante y necesita atención inmediata (se debe tomar una decisión, se requiere una respuesta, etc.), entonces, especialmente si algo así no sucede todo el tiempo, puedes optar por aceptar seguir adelante con esta nueva propuesta.

- Comprueba tu energía del Self cuando estés en este tipo de negociación para asegurarte de que te sientes liderado por el Self.
- Si decides seguir adelante con la nueva propuesta, primero pídele al cliente que se comunique con la parte de la sesión anterior para preguntar cómo le va, obtener su permiso para cambiar de tema, establecer la intención de volver a ella la sesión siguiente y luego seguir adelante.

Ayudar a los protectores que trabajan duro

Pero si el cliente tiene una vida caótica que es interrumpida crónicamente por crisis continuas, entonces sigue negociando. En este caso, puede ser una buena idea vender de forma activa el objetivo general de la terapia IFS a los protectores del cliente (esto es lo que Schwartz llama ser un vendedor de esperanza).

Vendedor de esperanza

TERAPEUTA: Tengo mucha experiencia ayudando a los clientes a ayudar a que sus partes más vulnerables se sientan mejor, y entonces todas sus partes protectoras que trabajan tan duro también se sienten mejor.

- *A continuación, valida los temores de los protectores del cliente.*

TERAPEUTA (continuación): Sé que puede ser realmente aterrador para los protectores dejar que te acerques a una parte vulnerable.

- *Y finalmente, tranquiliza e infunde confianza.*

TERAPEUTA (continuación): Pero podemos hacerlo con seguridad. Si los protectores son francos contigo, entonces podemos abordar cada preocupación que puedan tener. ¿Estarían dispuestos a decirte cuál es su preocupación?

Miedos de los protectores

Si la parte que quiere cambiar de tema sigue siendo insistente, también es una buena idea validar su sensación de urgencia.

TERAPEUTA: Sé que tu vida aún tiene muchos altibajos y que muchas interacciones con la gente hoy hacen que te sientas insegura. Tienes partes que te traen a terapia para arreglar este problema. Pero desde su punto de vista, esto no significa que tengas que estar con partes que se sienten mal y que te amenazan con abrumarte. ¿Estoy en lo cierto?

Si la respuesta es sí

TERAPEUTA: ¿Las partes que te traen a terapia para manejar todos estos altibajos te conocen a ti, la Sally que no es una parte?

- *Nos centramos en presentar el Self del cliente al sistema.*

Si la respuesta es no

TERAPEUTA: De acuerdo. Entonces me debo estar perdiendo algo importante aquí. ¿Te apetecería que indagásemos por un momento sobre por qué es difícil prometer continuidad entre sesiones a una parte como la de la sesión pasada?

- *Observamos el fenómeno de cambiar de tema y nos interesamos por ello.*

* * *

La persistencia y la curiosidad son clave para responder cuando los protectores actúan de forma evitativa. Asume que tienen preocupaciones legítimas, que (finalmente) compartirán si tienes la mente y el corazón abiertos hacia ellos.

PARTES POLARIZADAS

Las partes protectoras ven la vulnerabilidad y el dolor emocional de sentirse no amado como el problema. Algunas partes trabajan proactivamente para prevenir que este dolor llegue a la conciencia; otras trabajan reactivamente para suprimir y distraer una vez que el dolor ha alcanzado la conciencia. En ambos casos, mientras intentan resolver el problema del sufrimiento emocional, habitualmente desarrollan estrategias contradictorias y entran en desacuerdos. Llamamos «protectores polarizados» a las partes que no están de acuerdo acerca de cómo esconder o gestionar la vulnerabilidad; cada una intenta influenciar el comportamiento del cliente en distintas direcciones.

Sabemos lo que estas partes comparten: ambas están tratando de resolver el problema del dolor emocional, ambas están fallando y ambas saldrán ganando si podemos ofrecerles una alternativa eficaz. En consecuencia, podemos permitirnos ser vendedores de esperanza: realmente tenemos una opción que resolverá su problema y les permitirá reorganizarse.

Ejercicio

NEGOCIACIÓN DEL DESARME BILATERAL CON PARTES POLARIZADAS

Pídele a tu sistema interno:

- «Por favor, dejadme escuchar todas las opiniones sobre este problema, por turnos. Voy a escribir lo que me digáis».

Escribe todo lo que escuches, notando contradicciones o desacuerdos (polaridades).

____

____

Pregúntale a estas partes:

- «¿Qué parte, o equipo de partes, necesita mi atención primero?».

____

____

Entonces vuelve a la pregunta clave:

- «¿Cómo te sientes hacia (la parte diana)?».

____

____

Si la respuesta es una palabra con C que indica energía del Self (ver las 8 C en el glosario), entonces continua adelante entrevistando a la parte diana usando los 6 Pasos. Si la respuesta es cualquier otra cosa, entonces significa que otra parte está reaccionando. Ayuda a que esa parte se separe (diferencie), para que puedas hacer preguntas a la parte diana.

MANEJO DE LAS POLARIZACIONES DE LOS PROTECTORES EXTREMOS

A menudo, los entornos externos de los supervivientes de traumas son inestables y caóticos. Pero cuando los protectores son extremos, a pesar de que la vida del cliente parece estable, podemos suponer que algo en su interior se percibe como peligroso. No esperamos ni exigimos confianza de los protectores extremos, les pedimos la oportunidad de ganarnos su confianza. Nuestro objetivo es persuadir a los protectores extremos para que prueben algo nuevo; y la palabra clave aquí es *persuadir*. Dado que estas partes ya se sienten presionadas para cambiar internamente, son hipersensibles a los intentos de controlarlas externamente. Para atraer su interés, empezamos validándolas: «Entiendo por qué haces lo que haces»; y renunciamos al control: «Tú eres la jefa, tú mandas».

Al mismo tiempo, tranquilizamos a las partes vigilantes:

- «Tú no eres tu trabajo. Si dejas de hacer este trabajo, seguirás existiendo y serás libre».
- También invitamos:
- «Si ya no tuvieras que hacer este trabajo, ¿qué preferirías hacer?».
- Ofrecemos esperanza:
- «Con tu permiso, podemos ayudar a que la parte vulnerable deje de ser abrumadora».

Y hacemos una oferta:

- «Puedo mostrarte una alternativa eficaz que tiene muchos beneficios, todo lo que tienes que hacer es conocer al Self del cliente».

En todo momento, nuestro reto es estar con cualquiera de nuestras propias partes que se active por el cliente, de modo que podamos permanecer despejados y confiados. Además, si un protector extremo (por ejemplo, el cliente se está disociando claramente o explica que se ha quedado en blanco) no se quiere relajar y separar porque cree que el cliente es un niño en peligro, podemos pasar al acceso directo («¿Puedo hablar con esta parte directamente?»). A menudo usamos acceso directo con clientes a los que se les ha diagnosticado el trastorno de identidad disociativa (TID), el cual en IFS entendemos como una serie de polaridades extremas que comparten el objetivo de mantener los sentimientos y el Self fuera de la conciencia a toda costa.

DOS EJEMPLOS DE POLARIZACIONES

Antes de centrarnos en el exiliado, la terapia IFS hace un seguimiento de las relaciones entre los protectores. A continuación veremos dos ejemplos diferentes. El primero ilustra una polarización entre dos partes protectoras; el segundo muestra una polarización entre un protector de cuatro años y una parte adolescente que tiene sus propios propósitos.

TRABAJAR CON PROTECTORES POLARIZADOS QUE NO SE QUIEREN SEPARAR

Cuando un protector no quiere que el cliente escuche a otro protector, interferirá. El conflicto de Jeremy que mostramos a continuación es entre una parte que fuma marihuana y una parte que se preocupa.

Sentir hacia

TERAPEUTA: ¿Cómo te sientes hacia la parte que te preocupa, Jeremy? Está especialmente preocupada por el hecho que fumas mucha marihuana en estos días, ¿no es así?

JEREMY: Odio a esa parte.

- *Habla una parte secundaria reactiva, probablemente el fumador de marihuana.*

Los miedos de los protectores

TERAPEUTA: Vale. Si la parte que la odia se relajara y te dejara hablar con la parte preocupada, ¿qué teme que pudiera pasar?

JEREMY: ¡Que la parte preocupada tomase el control y entonces mi vida sería pura preocupación!

- *Hay una polarización entre la parte preocupada y la que fuma marihuana.*

TERAPEUTA: ¿Y luego qué pasaría?

JEREMY: ¡Todo sería trabajo, nada de diversión! Ansioso. Aburrido.

- *La parte fumadora de marihuana está mezclada.*

TERAPEUTA: ¿Habla el fumador de marihuana?

JEREMY: Sí. Supongo que sí.

TERAPEUTA: Si la parte preocupada estuviera de acuerdo en no tomar el control, ¿el fumador de marihuana te permitiría indagar en la preocupada y descubrir más sobre sus preocupaciones?

- *Negociamos para que ambos lados de la polaridad se separen simultáneamente.*

JEREMY: El fumador de marihuana dice que eso nunca funcionará. Es él o yo.

Vendedor de esperanza

TERAPEUTA: Estoy seguro de que vale la pena pedirle a la parte preocupada que no tome el control. ¿El fumador de marihuana nos da permiso?

- *Somos persistentes y persuasivos.*

JEREMY: Dice que está bien. Haz lo que quieras.

TERAPEUTA: Genial. Pregunta a la parte preocupada si está dispuesta a no tomar el control si el fumador de marihuana se relaja también.

- *Pedimos a una parte que no abrume.*

JEREMY: Dice que sí, pero se quedará cerca y observará.

TERAPEUTA: Genial, entonces vamos a invitarlas a ambas a sentarse contigo en la mesa de conferencias. Asegúrate de estar allí con ellas en lugar de verte a ti mismo con ellas.

- *Verificamos si el Self del cliente está presente.*

JEREMY: Me veo en la mesa con ellos.

- *Se trata de una «parte que se parece al Self», un protector que toma el lugar del Self del cliente.*

TERAPEUTA: De acuerdo. Pídele a la parte que está sentada que se mueva un sitio y te permita a ti estar a la cabeza de la mesa. ¿Te parece bien?

JEREMY: No está seguro de quién soy.

Las partes del cliente no conocen al Self todavía

TERAPEUTA: Vamos a presentarte. Pero tú sólo puedes estar presente allí si esta parte —y las otras dos partes— te lo permiten. Depende de ellas. ¿Están dispuestas?

- *Somos persistentes y persuasivos.*

JEREMY: Bien. La parte se ha hecho a un lado y estoy allí con las tres.

Encontrar

TERAPEUTA: Genial. Pregunta quién necesita tu atención primero.

- *Cedemos el control a las partes del cliente.*

JEREMY: La parte preocupada.

Sentir hacia

TERAPEUTA: ¿Cómo te sientes hacia la parte preocupada ahora?

JEREMY: Siento curiosidad. ¿Por qué está tan preocupada?

- *El Self del cliente sí está disponible ahora.*

* * *

El escenario ilustrado aquí es muy común. Cuando ayudamos a las partes polarizadas, estamos, en esencia, haciendo terapia de pareja con dos partes que están en una discusión acalorada que puede haber durado años. Asimismo, vemos en este ejemplo que Jeremy tiene una parte que se parece al Self activa que toma el lugar del Self de Jeremy. Esto también es común. Cuando un conflicto acalorado despierta miedos internos, a los protectores puede parecerles que no hay tiempo para probar algo nuevo. Nuestro trabajo es argumentar justo lo contrario.

SE EXPLORA UNA POLARIDAD ENTRE EL PROTECTOR DE UN JOVEN EXILIADO Y UN ADOLESCENTE EXILIADO

Georgiana vino a terapia porque se había enamorado de una mujer de su bufete de abogados y estaba considerando poner fin a su matrimonio, algo que aún no le había contado a su esposa. El matrimonio tenía un hijo en el instituto y otro en la universidad.

GEORGIANA: Me estoy volviendo loca. Mi trabajo es cuidar de mi familia. Tengo hijos. Pero Ellen y yo ya no tenemos relaciones sexuales y estoy enamorada de otra persona.

Encontrar

TERAPEUTA: Vale, ¿quién necesita tu atención primero? La parte que cuida a la familia o la que está enamorada?

GEORGIANA: La que está enamorada.

Sentir hacia

TERAPEUTA: ¿Cómo te sientes hacia esa parte?

GEORGIANA: Siento pena por ella.

TERAPEUTA: ¿Qué quiere que sepas?

GEORGIANA: Que la vida es corta.

TERAPEUTA: ¿Algo más?

GEORGIANA: Lo dice en serio. La vida es demasiado corta como para no vivir al máximo.

TERAPEUTA: ¿Entiendes lo que te dice?

GEORGIANA: Sí.

Describir

TERAPEUTA: ¿Puedes verla?

GEORGIANA: Sí.

TERAPEUTA: ¿Cuántos años tiene?

GEORGIANA: Tiene dieciocho años.

TERAPEUTA: ¿Cuál es su relación con la parte que cuida de la familia?

GEORGIANA: No están de acuerdo.

- *Es decir, la parte que cuida, una protectora, se polariza con la adolescente, que ha sido exiliada en su relación con su esposa. El terapeuta asume que la parte que cuida protege a otra parte exiliada (probablemente a una más joven).*

TERAPEUTA: Vale. Lo entiendo. No están de acuerdo. ¿Podemos hablar ahora con la parte cuidadora?

- *El objetivo del terapeuta es establecer una buena relación con ambos lados de esta polaridad y convencer a ambas partes de que se separen para que Georgiana pueda averiguar por qué la parte cuidadora trabaja tan duramente.*

GEORGIANA: De acuerdo, está bien.

Sentir hacia

TERAPEUTA: ¿Cómo te sientes hacia tu parte cuidadora?

- *Evaluamos su nivel de energía de Self.*

GEORGIANA: ¿Qué clase de abogado sería sin ella? Yo la quiero.

TERAPEUTA: ¿Cómo responde ella?

GEORGIANA: Esto le gusta.

Establecer una buena relación

TERAPEUTA: Dile que estás aquí para ayudarla.

GEORGIANA: Está negando con la cabeza. No puede imaginar lo que tengo para ofrecer.

- *Esta parte aún no conoce al Self de Georgiana.*

TERAPEUTA: ¿Cuántos años cree que tienes?

- *La respuesta a esta pregunta nos indicará el exiliado que ella protege.*

GEORGIANA: Pensaba que yo era una niña, pero ahora no está tan segura.

- *La parte cuidadora de Georgiana ahora está empezando a ver al Self en vez de a la niña que ella protege.*

TERAPEUTA: ¿Le gustaría saber más sobre ti?

- *Establecer una buena relación con la parte protectora la ayudará a ver al Self de Georgiana.*

GEORGIANA: De acuerdo, está bien.

TERAPEUTA: Pídele que te mire a los ojos y te diga a quién ve allí.

- *El contacto visual es a menudo una forma poderosa de detectar partes mezcladas y presentarles al Self.*

GEORGIANA: Ups. Está enfadada conmigo.

TERAPEUTA: Cuéntame más.

GEORGIANA: Me dice «¿Dónde has estado?».

- *Esta respuesta confirma que la parte que cuida ve al Self.*

TERAPEUTA: ¿Y tú qué dices?

GEORGIANA: Lamento no haber estado ahí cuando ella me necesitó. No quise dejarla sola.

TERAPEUTA: ¿Cómo fue para ella estar sola?

- *Averiguamos más sobre su experiencia.*

GEORGIANA: Tuvo que actuar como si no tuviera miedo.

TERAPEUTA: ¿Qué fue lo más difícil para ella?

GEORGIANA: Ella estaba sola.

TERAPEUTA: ¿Lo comprendes, Georgiana?

GEORGIANA: Sí. Fue un tiempo de mucho miedo.

TERAPEUTA: ¿A quién protege?

- *Aclaramos la función protectora de la parte cuidadora.*

GEORGIANA: Una niña de cuatro años.

- *Éste es el exiliado que está siendo protegido por la parte cuidadora.*

TERAPEUTA: ¿Y cuántos años tiene la parte cuidadora?

- *El terapeuta hace esta pregunta porque las partes protectoras son a menudo cercanas en edad a las partes que protegen. A veces un protector dice que es «mayor», lo que a menudo significa que ha existido desde que la parte protegida fue herida hace muchos años.*

GEORGIANA: Tiene unos... ocho años.

TERAPEUTA: Si tú pudieras cuidar a la niña de cuatro años en su lugar, ¿qué preferiría hacer ella?

- *Introducimos la idea de que este protector será liberado junto con la niña de cuatro años.*

GEORGIANA: Le gusta jugar al fútbol.

TERAPEUTA: Genial. Podemos ayudarla a hacerlo.

Los miedos de los protectores

GEORGIANA: Ella no lo cree así.

- *Ésta es una respuesta inicial típica de un protector.*

TERAPEUTA: ¿Qué cree que pasaría si no hiciera este trabajo?

- *Exploramos los miedos.*

GEORGIANA: Caos. Mi vida se arruinará. No le caeré bien a nadie.

- *Éste es el miedo; en el pasado tenía sentido, tuvo una razón de ser.*

TERAPEUTA: ¿Esta parte se asegura de que gustes a la gente?

- *Exponemos el trabajo de la parte de forma concisa.*

GEORGIANA: Sí.

TERAPEUTA: ¿Qué pasa si no le caes bien a alguien?

- *Exploramos los miedos de los protectores.*

GEORGIANA: No está bien.

TERAPEUTA: ¿Qué es lo peor de todo esto?

- *Buscamos el miedo específico de la parte.*

GEORGIANA: Me quedaré sola.

TERAPEUTA: Nosotros tampoco queremos que te quedes sola. ¿Tú qué le dices a ella?

- *Esta pregunta revelará cuán separada está ahora Georgiana de la parte que cuida.*

GEORGIANA: Sé que tenía razones para tener miedo, pero ya soy mayor y no estaremos solas. Le estoy dando las gracias por trabajar tan duro.

TERAPEUTA: ¿Ella quiere tu ayuda?

- *Pedimos permiso para ayudarla.*

GEORGIANA: Sería un alivio, pero ella no cree que yo sepa realmente a lo que me enfrento.

- *Continuamos todavía con los miedos de los protectores.*

TERAPEUTA: ¿Estaría dispuesta a conocerte mejor?

- *Nos centramos en que la parte esté en relación con el Self.*

GEORGIANA: No está segura de para qué servirá, pero está dispuesta.

TERAPEUTA: Si está dispuesta, no tiene que creer en nada. Esto es sólo un experimento. Siempre puede volver a lo que hace tan bien, es decir, a asegurarse de que le gustas a la gente.

- *Procuramos que la oferta de cambio tenga un riesgo y un coste bajos.*

GEORGIANA: De acuerdo, está bien.

TERAPEUTA: Genial. Y, por favor, ¿te hará saber si tiene alguna preocupación a lo largo del camino?

- *Invitamos a las partes vigilantes a que objeten proactivamente para que se sientan bienvenidas e incluidas.*

GEORGIANA: Pero ahora la chica de dieciocho años dice: «¡Oye! ¿Qué pasa conmigo?».

- *Un error: el terapeuta debería haberse puesto en contacto también con esta parte adolescente para tranquilizarla y obtener su permiso para proceder con la niña exiliada.*

TERAPEUTA: Lo siento mucho. Olvidé consultarlo con ella. ¿A ella le parece bien si ayudas a la niña de cuatro años?

- *Pedimos permiso.*

GEORGIANA: ¿Cómo la ayudaría eso a ella?

TERAPEUTA: ¿Sería bueno para ella que la niña de cuatro años y la de ocho se sintieran seguras?

- *Señalamos los beneficios potenciales para la adolescente si coopera.*

GEORGIANA: Sí. Estaría bien.

TERAPEUTA: Y tú también puedes ayudarla. ¿Qué necesita de ti?

- *Facilitamos la relación entre la adolescente y el Self.*

GEORGIANA: Bueno, está enamorada. Quiere que todos se aparten de su camino.

TERAPEUTA: ¿Entiendes eso?

- *No tomamos partido, sino que continuamos facilitando la relación entre el Self y la adolescente, antes de regresar al conflicto entre la adolescente y la parte cuidadora.*

GEORGIANA: Sí, lo entiendo. Creo que es muy afortunada.

* * *

El problema que presenta Georgiana es un intenso desacuerdo interno sobre una decisión que podría cambiar su vida. Las partes involucradas tienen fuertes ideas opuestas sobre lo que es mejor para ella (están polarizadas). Una parte (la parte cuidadora de Georgiana) ha exiliado a la otra parte (la adolescente) porque se siente amenazada por su sexualidad y pasión. La cuidadora también ha exiliado a la parte vulnerable de cuatro años a la que protege. Todavía no hemos escuchado la historia de la niña de cuatro años.

Los objetivos del terapeuta en este punto son transmitir respeto por las perspectivas y preocupaciones de las partes polarizadas, la cuidadora y la adolescente, y facilitar su relación con el Self de Georgiana. Cuando ellas se separen y Georgiana tenga la oportunidad de curar a la niña de cuatro años, el terapeuta IFS confía en que Georgiana será capaz de resolver su vida amorosa.

Ejercicio

PRESENTAR UN PROTECTOR AL SELF

INSTRUCCIONES: Piensa en alguna situación que haya ocurrido durante tu vida en la que te hayas sentido amenazado y hayas tenido el impulso de defenderte, no tiene por qué ser algo extremo. Puede ser reciente o del pasado más lejano.

Tómate un momento para imaginarte de nuevo en ese momento en el tiempo.

- Tendrás un impulso de acción, nota dónde está localizado y qué es lo que tu cuerpo quiere hacer.
  - Si estás solo y te sientes cómodo moviéndote, puedes hacer ese gesto.
  - O imagínate haciendo ese gesto en tu imaginación.
    - ◊ Repite el gesto unas cuantas veces.

Pregúntale a tu protector cuánto tiempo ha estado haciendo este trabajo. Escribe lo que te llegue.

____

____

Pregúntale a tu protector qué cree que pasaría si dejara de hacer su trabajo. Anota lo que te llegue.

____

____

Pregúntale a tu protector a quién protege. Escribe lo que escuches. A veces los protectores son reacios a compartir a quién protegen. No los presiones, averigua qué necesitan para poder confiar más en ti.

____

____

Si el protector compartió contigo a quién protege, establece con él un acuerdo sobre cómo hacerlo, escríbelo aquí y trabaja con la vulnerabilidad de una manera que te resulte familiar.

____

____

Si tu protector se siente incómodo compartiendo contigo a quién protege, intenta averiguarlo (o si no sientes curiosidad, ayuda a tus partes reactivas a separarse) y pregunta qué necesita para poder confiar más en ti.

- Si dice algo parecido a: «Esta parte vulnerable te abrumará», dale las gracias y pídele permiso al protector para comunicarte con la parte para que no abrume.
  - Luego pregúntale al exiliado si, a cambio de conseguir la atención que necesita, estaría dispuesto a permanecer separado y a no abrumar.
- Si dice: «No eres capaz de ayudar a esa parte» pregúntale si estaría dispuesto a intentar un experimento para conocerte mejor.
  - Pregúntale cuántos años cree que tienes.
  - Pregúntale si está dispuesto a encontrarse con el tú de hoy, tu Self.
  - Dale tiempo para que te examine y te conozca mejor.
  - Mira si está dispuesto a mirarte a los ojos.
  - Pregúntale: «¿Cómo es conocerme?».
  - Y pregunta «¿Me das tu permiso para ayudar a esa parte vulnerable?».

Todos tenemos partes protectoras que trabajan demasiado duro para nosotros, incluidos los que nos hacen ser «perezosos» y desmotivados. En nuestra opinión, deberíamos declarar un día festivo nacional anual parecido al Día del Trabajo para honrar a nuestros protectores, cuyos esfuerzos en nuestro nombre a menudo son poco menos que heroicos.

Para apreciar todo el abanico de estrategias que ofrecen, aquí hay una lista de roles protectores comunes, aunque esta lista no es en absoluto exhaustiva.

Presentación de los protectores al Self

- Conoce a tus protectores de vergüenza interior
- Conoce a tus protectores de vergüenza exterior
- Conoce a tus protectores complacientes
- Conoce a tus protectores ansiosos
- Conoce a tus protectores disociativos
- Conoce a tus protectores de la apariencia
- Conoce a tus protectores somatizadores
- Conoce a tus protectores de la intimidad
- Conoce a tus protectores de la comida
- Conoce a tus protectores alteradores de ánimo
- Conoce a tus protectores de mindfulness
- Conoce a tus protectores de adicción al sexo
- Conoce a tus protectores de poder e influencia
- Conoce a tus protectores de éxito
- Conoce a tus protectores mantenedores de un perfil bajo
- Conoce a tus protectores (exiliados) enfadados
- Conoce a tus protectores religiosos
- Conoce a tus protectores políticos
- Conoce a tus protectores autolesionadores
- Conoce a tus protectores suicidas
- Conoce a tus protectores vengativos
- Conoce a tus protectores deportivos
- Conoce a tus protectores de aparatos electrónicos
- Conoce a tus protectores intelectuales
- Conoce a tus protectores de entretenimiento
- Conoce a tus protectores del sentido del humor

Ejercicio

EJERCICIOS PARA ENCONTRAR TUS PROTECTORES

INSTRUCCIONES: Utiliza esta plantilla para conocer a tus protectores. Revisa nuestra lista de roles protectores habituales y agrega cualquier otro que no hayamos mencionado que sea relevante para ti.

Observa si para ti este protector es proactivo (trata de evitar que surjan sentimientos) o reactivo (trata de distraer de los sentimientos).

____

Una vez que tengas permiso para conocer a este protector, pregúntale:

¿Qué cree que pasaría si dejara de hacer su trabajo? Escribe lo que escuches.

____

____

____

¿A quién protege? Escribe lo que escuches.

____

____

Pide permiso para ayudar a la parte que protege.

Si el protector ha compartido contigo a quién protege, llega a un acuerdo de cómo ayudarle con eso, escríbelo aquí y trabaja con la vulnerabilidad de una manera que te sea familiar.

____

____

Si tu protector se siente incómodo dándote permiso para ayudar a esa parte, averigua por qué.

- O, si no sientes curiosidad, ayuda a tus partes reactivas a separarse y pregunta al protector por qué no te da permiso.

Si dice algo parecido a: «Serás abrumado por esa parte vulnerable», pídele permiso para pedir al exiliado que no abrume.

- Luego, pregunta al exiliado si, a cambio de recibir la atención que necesita, estaría dispuesto a permanecer separado y a no abrumar.

Si dice: «No eres capaz de ayudar a esa parte», pregúntale si estaría dispuesto a conocerte mejor.

- Luego pídele que te mire a los ojos y te diga a quién ve.

Si el protector ve una parte reactiva, tómate un momento para ayudar a que esa parte se separe.

Si el protector ve alguna cualidad del Self, pregúntale: «¿Cómo es para ti conocerme?».

- Y, después pregunta «¿Tengo tu permiso ahora para ayudar a esa parte vulnerable a la que proteges?».

Conoce a tus críticos internos

Estas partes son nuestro comité *ad hoc* de mejora continua. Son implacablemente vigilantes, críticos, a menudo sin sentido del humor y generalmente poco populares entre otras partes del sistema.

- Pregunta si alguna otra parte le teme a este crítico.
- Si es así, ayuda a esas partes escuchando sus preocupaciones y preguntando si estarían dispuestas a esperar en una habitación insonorizada mientras hablas con el crítico.
- Como alternativa, puedes poner al crítico en una habitación y luego ayudar a que las partes asustadas se relajen y confíen en ti.

Conoce a tus críticos externos

Estas partes externalizan la culpa. Utilizan todo tipo de prejuicios que involucran al «otro» para ayudarnos a sentirnos aceptables, incluidos, seguros e importantes. Estas partes son:

- Racistas.
- Homófobas.
- Transfóbicas.
- Misóginas.
- Xenófobas.

Conoce a tus protectores complacientes

Estas partes tratan de mantenernos conectados y sentirnos parte del grupo; a menudo nos hacen pensar en el bienestar de los demás, antes que dejarnos cuidar de nosotros mismos. En este grupo encontramos:

- Partes complacientes.
- Partes cuidadoras.

Conoce a tus protectores ansiosos

Estas partes quieren prevenir sorpresas negativas, quieren estar seguras de que no saldremos lastimados y de que no fallaremos, quieren estar seguras de que no somos inconscientes, olvidadizos, ingenuos ni inocentes. Éstas son algunas de sus características:

- Son anticipatorias.
- A menudo son muy físicas.
- Son difíciles de ignorar.
- Se alarman por catástrofes imaginarias.
- Están siempre en alerta advirtiéndonos de todo.

Conoce a tus protectores disociativos

Estas partes se nos llevan del aquí y hora, ya sea para prevenir o para suprimir los sentimientos negativos de las partes exiliadas o la reactividad de otros protectores más extremos. Hacen cosas como:

- Nublar la mente.
- Sacarnos del tiempo y de la conciencia por completo.
- Interferir con nuestra capacidad de escuchar lo que otros dicen.

- Interferir con nuestra habilidad de notar el peligro.
- Insensibilizar el cuerpo para que no sintamos ese pequeño choque eléctrico con cada recordatorio de vivencias aterradoras.
- Aliarse con las partes que toman medicamentos recetados para embotar el sistema nervioso.
- Aliarse con partes que se automedican con drogas ilegales o alcohol.
- Aliarse con partes que insensibilizan el cuerpo con comida.

Conoce a tus protectores de la apariencia

Estas partes hacen que nos fijemos en qué aspecto ofrecemos a los demás. Quieren que recibamos atención, aprobación, seguridad y amor. Hacen cosas como:

- Criticar nuestra apariencia.
- Invitar a otros a criticar nuestra apariencia.
- Animarnos a ir de compras.
- Fantasear con escenarios ideales.
- Advertirnos sobre posibles escenarios negativos.
- Obsesionarse con la ropa y los bienes materiales.
- Frecuentar el espejo.

Conoce a tus protectores somatizadores

Estos protectores usan el cuerpo para captar nuestra atención, para influir en nuestro comportamiento, para captar la atención de otros, para tratar de comunicar algo importante acerca de nuestra experiencia pasada o la naturaleza de nuestro dolor y en general para imponer su punto de vista. Hacen cosas como:

- Provocarnos migraña.
- Hacernos sentir náuseas.
- Volvernos hipersensibles a los olores.
- Hacernos sentir exhaustos.
- Amplificar el asma y las reacciones alérgicas.
- Provocarnos dolor en el pecho.

Conoce a tus protectores de la intimidad

Estas partes manejan y regulan la cercanía en las relaciones para protegernos de ser demasiado vulnerables y de ser lastimados. Hacen cosas como:

- Cultivar una actitud de enfado permanente que nos impide querer estar cerca de alguien y viceversa.
- Comportarse como alguien dependiente y demasiado apegado.
- Comportarse de forma excesivamente sexual.
- Comportarse desinteresadamente.
- Comportarse de forma soñolienta.
- Comportarse de forma aburrida y sin comprometerse.
- Soñar despierto cuando alguien más está hablando.
- Aliarse con partes que se centran en la comida o el alcohol en entornos sociales.
- Aliarse con partes que se centran en aparatos electrónicos.

Conoce a tus protectores de la comida

Estas partes se obsesionan con la comida, ya sea abusando para obtener satisfacción o restringiéndola como una forma de distraernos para que no sintamos nuestros sentimientos exiliados o para reprimirlos cuando se manifiestan con fuerza. Hacen cosas como:

- Sentirse hambrientas.
- Desear y obsesionarse con ciertas comidas reconfortantes.
- Comer en exceso.
- Restringir la comida.
- Temer y evitar ciertos alimentos.
- Sentirse enfermas después de comer ciertos alimentos.
- Restringir las calorías.
- Darse atracones.
- Purgarse.

Conoce a tus protectores alteradores del ánimo

Estas partes usan sustancias que alteran el estado de ánimo —legales o ilegales— para insensibilizarnos, evitar o distraernos de las emociones, el dolor y el conflicto interno. Hacen cosas como:

- Beber alcohol.
- Fumar marihuana.
- Esnifar o fumar cocaína.
- Tomar éxtasis y otras drogas para fiestas.
- Esnifar o inyectarse heroína.
- Esnifar pegamento.
- Tomar pastillas recetadas que alteran el estado de ánimo.
- Tomar medicamentos, prescritos o no, que alteran el estado de ánimo.

Conoce a tus protectores de mindfulness

Estas partes usan la meditación para eludir sentimientos amenazantes, llenar un sentimiento de vacío, o como una copia de la disociación. Hacen cosas como:

- Animarnos a desconectarnos de todos los pensamientos y sentimientos.
- Disociarnos.
- Mantener nuestros procesos mentales abstractos o vagos.
- Distraernos del dolor emocional con híper o hipoconcentración.
- Animarnos a ser estoicos.
- Animarnos a pensar en lugar de sentir.

Conoce a tus protectores de adicción al sexo

Estas partes son expertas en la seducción y pasan su tiempo reclutando amantes para llenar el vacío interior con dramas e intentos de relacionarse. Se centran en:

- Atracción sexual.
- Anhelo y deseo.

- Juegos de seducción.
- Sexo apasionado en los encuentros después de peleas (sexo de reconciliación).
- La liberación fisiológica producida por el orgasmo.

Conoce a tus protectores de poder e influencia

A estas partes les gusta el poder. Su objetivo es dominar. Les encanta tener el control. Hacen cosas como:

- Mantener oculta la vulnerabilidad a toda costa.
- Culpar a las partes vulnerables por hacer que nos lastimen.
- Atacar y avergonzar a otras personas que muestran vulnerabilidad.

Conoce a tus protectores de éxito

Estos protectores quieren que seamos ricos o exitosos, que nos sintamos admirados y que nunca nos sintamos rechazados. Estas partes hacen cosas como:

- Fomentar un sentido grandioso de nuestro valor en nuestro interior y ante los demás, para contrarrestar la inutilidad de nuestros exiliados y la vergüenza de nuestros críticos internos.
- Fomentar la idea de que el fracaso es terrible.
- Negar errores o fracasos.
- Castigar a otros —particularmente a nuestros hijos— por cometer errores o fallar.
- Evitar disculparse.

Conoce a tus protectores mantenedores de un perfil bajo

A estas partes no les gusta ser vistas, competir o ser una amenaza para otros de ninguna manera. Nos mantienen invisibles y a salvo al pasar desapercibidos. Hacen cosas como:

- Fomentar la sensación de que recibir atención es peligroso.
- Evitar que nos vean.

- Desalentar la ambición.
- Negarse a esforzarse por cualquier meta.
- Evitar que nos sintamos bien con nuestros logros.
- Advertirnos de que los demás se sentirán dolidos con nuestro éxito.

Conoce a tus protectores (exiliados) enfadados

Las partes que se sienten enojadas por el maltrato a menudo son jóvenes. Puede que hayan dado un paso al frente para proteger a otra parte joven y que hayan sido exiliadas porque mostrar rabia no era seguro. A menudo siguen siendo tratados como si fueran kriptonita dentro del sistema porque la ira en sí misma es vista como un comportamiento malo y abusivo. Estas partes:

- Arden por dentro.
- Están resentidas.
- Interrumpen.
- Presionan.
- Desprecian.
- Explotan.

Conoce a tus protectores religiosos

Algunos protectores nos ayudan a abusar de la religión, a idealizar a los líderes religiosos, a anhelar la redención, a desear una comunidad, un sentido y un propósito en la vida y a que nos importe mucho pertenecer a ella, a costa del sentido del yo mismo y de la conexión con personas que son distintas a nosotros. Estas partes:

- Hacen que nos sintamos bien.
- Hacen que nos sintamos sostenidos.
- Destierran la duda.
- Nos distraen de sentir vacío y soledad.

Conoce a tus protectores políticos

Al igual que los protectores religiosos, nuestros protectores políticos nos ayudan a encontrar líderes, a pertenecer, a tener una comunidad, un propósito y una estructura cuando nos sentimos vacíos y solos. Estas partes:

- Nos hacen sentir que estamos en el bando correcto.
- Nos hacen sentir justos y superiores.
- Explican lo que está bien y lo que está mal.
- Destierran la duda.

Conoce a tus protectores autolesionadores

Estas partes cortan, arañan, golpean y queman para castigar, distraer, calmar, tratar de obtener ayuda, prevenir el suicidio o la rabia. Hacen cosas como:

- Distraer del dolor emocional.
- Cambiar el centro de atención debido a la necesidad de atender a las lesiones.
- Materializar el dolor emocional en sangre.
- Ayudarnos a sentirnos vivos a través del dolor.
- Reclutar a otros para que respondan a nuestras lesiones físicas y cuiden de nuestro cuerpo.

Conoce a tus protectores suicidas

La idea del suicidio es a menudo un consuelo para las personas que tienen un dolor extremo, emocional o físico. Estas partes:

- Ofrecen una escapatoria teórica (que tranquiliza al pensarla) de un sufrimiento interminable y aparentemente irresoluble.
- Ofrecen una escapatoria real (de emergencia) de un sufrimiento interminable y aparentemente irresoluble.
- Fomentan la escapada definitiva.
- Quieren venganza.

- Buscan atención.
- Quieren que otros reaccionen o los rescaten.

Conoce a tus protectores vengativos

Cuando nos maltratan, cuando alguien más poderoso nos deja indefensos e impotentes, nos humillan o nos hacen sentir inútiles, una respuesta habitual es querer venganza. Estas partes:

- Son vengativas.
- Usan el sarcasmo para ganar poder.
- Intentan igualar la batalla.
- Humillan a cualquiera que sea amenazante.
- Se preocupan con fantasías acerca de ser poderoso y vengarse, que, en su versión extrema, pueden incluir ideas de herir o matar a alguna otra persona.

Conoce a tus protectores deportistas

Estas partes a menudo trabajan junto con partes que se obsesionan con nuestra apariencia. También pueden trabajar con partes de desórdenes alimenticios. Hacen cosas como:

- Perseguirnos para que hagamos ejercicio.
- Concentrarse de forma exagerada en la salud.
- Instarnos a alcanzar nuevas metas para estar en forma.
- Ser presas del pánico cuando estamos enfermos o lesionados.
- Criticar al cuerpo por sus imperfecciones.
- Admirar los cuerpos que se muestran en revistas de moda o deportivas

Conoce a tus protectores de aparatos electrónicos

Hoy en día tenemos una nueva dimensión, un verdadero mundo a través del espejo, en el que podemos caer buscando distracción sin fin. Ya que para la mayoría de la gente, el trabajo y la comunicación dependen de instrumentos electrónicos como los teléfonos móviles y los ordenadores, las partes nuestras que buscan distraernos por estos medios pueden operar prácticamente sin restricciones y con infinitas opciones. Estas partes hacen cosas como:

- Sacarnos del presente cuando estamos en la oficina.
- Sacarnos del presente cuando estamos haciendo cola.
- Sacarnos del presente cuando estamos en ambientes poco agradables como aeropuertos, ascensores y calles públicas ruidosas y concurridas.
- Sacarnos del presente cuando estamos conversando.
- Sacarnos del presente durante comidas.
- Sacarnos del presente en la escuela, en las conferencias, en las bibliotecas.
- En resumen, están disponibles para llevársenos de cualquier lugar, en cualquier momento.

Conoce a tus protectores intelectuales

Estas partes florecen en familias y entornos que celebran y sobreviven gracias a las fortalezas cognitivas (por ejemplo, el hijo de un profesor que crece en una ciudad universitaria). Hacen cosas como:

- Pensar como una forma de anular o interrumpir sentimientos.
- Despreciar a la gente que no se basa tanto en las partes pensantes.
- Ayudarnos a sentirnos especiales.
- Valorar el conocimiento y el logro por encima de los sentimientos y la intuición.

Conoce a tus protectores de entretenimiento

¿Alguien quiere Netflix? La mente humana está cautivada por las historias, ya sean banales y clichés u originales. Nuestros dispositivos electrónicos ofrecen un flujo interminable de imágenes, palabras, música e historias reales y de ficción. Estas partes hacen cosas como:

- Llevarnos al cine, a ver la televisión, televisión por cable de pago u otros servicios para suscriptores.
- Vivir vicariamente a través de los personajes de las películas y volver a contar las historias de los espectáculos que acabamos de ver.
- Proporcionar falsas esperanzas a través de *reality shows.*
- Relacionarse con los personajes representados en estos medios para aprender, emular y dar sentido a la experiencia.

Conoce a tus Protectores del sentido de humor

Estas partes utilizan el humor en todas sus formas para crear ambiente e influir en los demás. Hacen cosas como:

- Mantener a los demás contentos y comprometidos.
- Agradar.
- Entretener.
- Conseguir que se nos preste atención.
- Proporcionar una distracción en momentos dolorosos o incómodos.
- Ocultar sentimientos.
- Distraernos de los sentimientos internos.
- Herir a otros para que se alejen de nosotros.
- Buscar venganza.

Ejercicio

UNA PROVISIÓN INAGOTABLE DE ESTRATEGIAS PROTECTORAS

INSTRUCCIONES: Los protectores que a menudo aparecen en individuos traumatizados incluyen disociación, partes que provocan vergüenza interna y externa, partes que trabajan excesivamente, que mantienen un perfil bajo, partes que complacen y obedecen, ansiedad, rabia, venganza, suicidio, adicción al sexo, consumo de sustancias que alteran el estado de ánimo, búsqueda de la intimidad y evitación de la intimidad, comer, hacer ejercicio, obsesionarse con la apariencia, somatizar e intelectualizar.

Si observas protectores en tu sistema que faltan en nuestra lista, agrégalos a continuación:

____

____

____

____

____

____

____

____

____

____

SECCIÓN 5

Sanación: el proceso de descarga

Mientras que animamos a los terapeutas a tratar de trabajar con las partes protectoras usando los 6 Pasos de Diferenciación (encontrar, centrarse, describir, sentir, entablar amistad y explorar los miedos), desanimamos a los terapeutas de tratar de descargar partes exiliadas sin una formación más reglada en IFS (por ejemplo, un nivel 1 de IFS; hay una lista de cursos disponibles en www.selfleadership.org).

Procurar una descarga sin el nivel de habilidad apropiado no sería respetuoso con el sistema del cliente, ya de por sí frágil, y puede resultar contraproducente al hacer que los protectores desconfíen de ti. Si emerge un exiliado en tu trabajo, te animamos a que hagas lo que normalmente haces cuando trabajas con una vulnerabilidad así.

Sin embargo, a continuación ilustramos los pasos de una descarga para que el lector tenga una visión global y esté completamente informado sobre el modelo de terapia IFS. Aquellos que deseen aprender a hacer descargas pueden probar IFS de forma experiencial, en terapia y formación.

DESCARGAR DESPUÉS DE SER TESTIGO

La curación se pone en marcha tan pronto como los protectores permiten que el Self esté en relación con las partes exiliadas. Podemos saber que se ha concedido el acceso a las partes exiliadas porque el cliente de repente ve hechos del pasado, o porque el cliente puede llegar a un acuerdo más formal con los protectores para que den un paso atrás y dejen que el Self vea las experiencias vitales del exiliado. Cuando los clientes están «en Self» se percibe un cambio: su voz se suaviza, su cuerpo se relaja y su perspectiva se vuelve más abierta y expansiva. En cualquier caso, como se ilustra a lo largo de este manual, llamamos a este paso de la terapia IFS «ser testigo».

Durante el paso ser testigo, una parte exiliada lleva al Self de viaje y los recuerdos que surgen pueden sorprender al cliente, que ya había desestimado u olvidado lo que la parte está mostrando. La parte puede mostrar un acontecimiento que represente un patrón largo de interacciones abusivas, negligentes o de explotación, o puede mostrar un momento de traición o terror. En cualquier caso, los acontecimientos que muestra habrán tenido consecuencias negativas (sensaciones corporales atemorizantes, sentimientos negativos y creencias negativas sobre la seguridad y la autoestima) que necesitan ser revertidas en la relación entre el Self y la parte. Durante el ser testigo, las partes exiliadas tienen el Self del cliente con ellos (compasión), y puede que necesiten que el Self del cliente sienta parte de lo que ellas están sintiendo (empatía), pero también son conscientes del terapeuta y necesitan su compasión.

EL PROCESO DE DESCARGA

1. SER TESTIGO: La parte exiliada muestra al Self su vivencia.
2. REPARACIÓN: El Self entra en ese tiempo y espacio, y le da a la parte lo que necesitaba y quería en ese momento pero nunca tuvo.
3. RECUPERACIÓN: El Self recupera la parte del pasado y la lleva a algún lugar seguro en el presente.
4. DESCARGA: La parte suelta las sensaciones tóxicas, los estados de ánimo y las creencias.
5. INVITAR: La parte invita a cualquier nueva cualidad que desee o necesite para el futuro.
6. COMPROBACIÓN CON LOS PROTECTORES: Se invita a los protectores a notar que la parte que protegían ha sido descargada y sanada, para que así puedan abandonar sus trabajos.

SER TESTIGO

Las partes exiliadas a menudo se escandalizan/asombran al encontrarse con el Self. «Si tú existes, ¿por qué he estado sufriendo así?». En cuyo caso, es pertinente disculparse y tener paciencia. Una vez que la parte se siente lista para conectarse, comienza a mostrar y a contar al Self las experiencias aterradoras, vergonzosas y dañinas que la cargaron a ella y al sistema interno con creencias tóxicas. Durante el testimonio, le preguntamos al cliente: «¿Te ves a ti mismo con el exiliado o estás allí con él?». Si responde lo primero, significa que una parte como el Self ha intervenido, así que le pedimos a esta parte que deje que el Self del cliente se haga cargo de la situación.

REHACER LA SITUACIÓN DE FORMA REPARADORA

Si la parte está atrapada en una mala situación, el Self se ofrece a entrar y hacer lo que la parte necesitaba que alguien hubiese hecho en ese momento (refrenar a un adulto, decir lo que se piensa a otros, abrazar a la parte, amarla o lo que sea que la parte pida). Reescribir la historia de un momento traumático para que acabe como la parte prefiere es muy importante para algunas partes. Por supuesto no olvidan lo que pasó, pero el proceso parece ser validador y emocionalmente significativo.

RECUPERACIÓN

Finalmente, cuando el exiliado indica que sus necesidades han sido satisfechas y el paso de ser testigo parece acabado, el Self del cliente invita al exiliado a dejar el pasado y venir con él al presente, a un lugar seguro elegido por la parte.

DESCARGA

Una vez que la parte exiliada está segura en el presente con el Self del cliente, la invitamos a que libere cualquier sensación física, sentimientos o pensamientos que cargue relacionados con el trauma. En este punto, seguimos la iniciativa del cliente, pero si nos lo pide, podemos ofrecer sugerencias como tirar las cargas al mar, quemarlas en una hoguera o liberarlas al aire (por ejemplo, si quiere, la parte podría entregar esta carga a la luz, a la tierra, al aire, al agua, o al fuego).

INVITAR

Cuando el exiliado suelta las cargas, tiene más espacio interior. Uno de los últimos pasos de sanación es darle a la parte la instrucción de que incorpore o invite a su interior cualquier cualidad que le haya faltado. La respuesta a esta instrucción tan general casi siempre incluye cualidades positivas que se relacionan con la energía del Self, en sintonía con el amor, el juego, la alegría, la espontaneidad, el coraje, la conectividad y la creatividad.

COMPROBACIÓN CON LOS PROTECTORES

Una vez sanado el exiliado, invitamos a las partes protectoras a que entren y echen un vistazo a la parte. A menudo abandonan su papel protector espontáneamente, porque ven que la parte está segura en presencia del Self del cliente. En caso de trauma es común que las partes protectoras carguen con sus propias cargas, lo cual deberá ser abordado en una sesión de seguimiento.

TRANSFORMACIÓN

Durante el proceso en que el Self es testigo, rehace la situación de forma reparadora, recupera, descarga, invita e integra partes vulnerables, éstas se transforman y sanan, lo cual proporciona al sistema interno en su totalidad una oportunidad para crecer en espacio y fuerza.

LOS PASOS DEL PROCESO DE DESCARGA

Hetta vino a terapia porque quería tener hijos, pero tenía una ansiedad abrumadora por quedarse embarazada. En este intercambio ha obtenido permiso de sus protectores para ayudar a una exiliada de siete años de edad.

HETTA: Está muy sorprendida de verme. Me dice: «¿Dónde has estado?».

Establecer una buena relación

TERAPEUTA: ¿Qué le respondes?

- *Comprobación de la energía del Self.*

HETTA: Le digo que lamento haberla dejado sola.

- *Hetta tiene acceso a la energía del Self.*

TERAPEUTA: ¿Qué es lo que dice?

HETTA: Dice que si no se lo merecía, ¿por qué lo hice?

TERAPEUTA: ¿Qué le contestas?

- *Dejamos que el Self de Hetta tome la iniciativa.*

HETTA: Yo no estaba allí. Lo siento mucho. Pero ahora estoy aquí.

TERAPEUTA: ¿Cómo responde ella?

HETTA: Me está mirando. Se pregunta si puede confiar en mí.

TERAPEUTA: ¿Cómo ha sido para ella estar sin ti?

- *Ayudamos a evitar que las partes defensivas tomen el control y a evitar decirle a la parte lo que debe sentir, orientando a la clienta a ser testigo.*

Como ilustra esta viñeta, en IFS nos centramos en la reparación de la relación entre la parte y el Self del cliente hasta que la parte se sienta comprendida y validada.

Ser testigo

Cuando la reparación sea suficiente y el exiliado tenga confianza en el Self, la parte iniciará un recorrido virtual para mostrarle al Self todo lo que la parte necesita que él sepa y presencie como testigo. El interludio de ser testigo es una especie de proceso de vinculación y de eliminación de la vergüenza (validación) de la parte exiliada. Una vez que el proceso de ser testigo está en marcha, continuamos hasta que la parte sienta que el Self la entiende del todo y esté lista para descargar sus cargas. Esto puede requerir más de una sesión. Continuemos con este ejemplo. Hetta ve a la niña de siete años en una habitación de hospital.

HETTA: Esto es antes de que la operaran del corazón. Su madre está llorando en el pasillo con una enfermera. Alguien que pasa andando por el pasillo dice «¡Ésa es!» y la niña cree que esto significa que ella es la que va a morir.

TERAPEUTA: ¿Cómo es eso para ella?

- *Ser testigo.*

HETTA: ¿Dónde está su padre?

TERAPEUTA: ¿No está allí?

HETTA: No. Nunca vino.

TERAPEUTA: ¿Puede sentirte ahí con ella?

- *Comprobamos la relación del Self con la parte.*[7]

HETTA: Estamos caminando por el hospital. Ella odia el olor. Me está diciendo que no tenga hijos porque terminaremos en un hospital y moriremos.

TERAPEUTA: ¿Y tú qué dices?

7. En inglés, *Self-to-part connection*: se comprueba si la parte es consciente de la presencia del Self. *(N. de la T.)*

- *Entregamos la batuta al propio cliente.*

HETTA: Ya veo por qué está preocupada. Le estoy diciendo que confío en mi médico. Le estoy preguntando si puede confiar en mí. También tiene miedo de que, si algo anda mal con mi hijo, yo me vaya como hizo papá.

Ser testigo

TERAPEUTA: ¿Qué quiere que sepas sobre eso?

HETTA: Echa de menos a su verdadero padre.

TERAPEUTA: ¿Entiendes lo que quiere decir?

HETTA: Sí. Él estaba allí cuando llegué a casa, pero ya no se parecía a mi verdadero padre.

Rehacer la situación de forma reparadora

TERAPEUTA: ¿Hay algo que ella necesite que tú le digas ahora a su padre, y que hubiera necesitado que alguien le dijera en aquel momento?

HETTA: Quiere que él se disculpe.

TERAPEUTA: ¿Qué quiere que le digas a tu padre?

- *La parte dirige.*

HETTA: Deberías haber amado a tu hija mejor de lo que lo hiciste...

TERAPEUTA: ¿Qué está pasando?

HETTA: Dice que lo siente. Sí la quiere; tenía miedo. Ella no va a perdonarlo ahora, pero está contenta de que se haya disculpado.

TERAPEUTA: ¿Necesita que pase algo más con él, o con alguien más?

- *La parte dirige.*

HETTA: Ahora no.

TERAPEUTA: ¿Puedes darle a ella lo que necesitaba entonces?

HETTA: Sí, necesitaba que la amaran. Lo estoy haciendo ahora y a ella realmente le gusta.

Recuperación

TERAPEUTA: ¿Está lista para dejar ese momento y lugar?

HETTA: Sí.

TERAPEUTA: Llévala a un lugar seguro del presente. ¿Cómo es para ella estar contigo ahora?

HETTA: Le gusta. Le estoy enseñando el lugar. Le estoy preguntando si podría confiar en mí para cuidar a un niño, incluso si ese niño tuviese un problema.

Como vemos, iniciar la terapia ayudó a Hetta a encontrar una parte que se sintió abandonada en un momento solitario y aterrador. Después de haber pasado por una cirugía de corazón, Hetta se recuperó y sus partes posoperatorias, impacientes por mirar hacia adelante y estar activas, habían minimizado esta experiencia de enfermedad, miedo, ira y muerte inminente. Después de que el Self de Hetta validara la experiencia de la enfermedad y del abandono de la parte y le dijera al padre lo que pensaba en su nombre, la parte ya estaba lista para dejar el pasado.

Descarga

TERAPEUTA: Ahora que ella está contigo en el presente, ¿está lista para soltar todos los pensamientos, sentimientos y sensaciones que obtuvo de esa experiencia?

- *Invitamos a la parte a soltar el miedo y las creencias tóxicas.*

HETTA: Sí.

TERAPEUTA: Pídele que te muestre dónde están: en su cuerpo o a su alrededor.

- *Se profundiza en la experiencia.*

HETTA: Tiene alfileres en el corazón.

TERAPEUTA: ¿Qué quiere hacer con ellos?

- *La parte dirige.*

HETTA: Los está sacando y los clava en el suelo..., eso deja que todo salga.

TERAPEUTA: ¿Todo?

HETTA: Ira, tristeza. Se va volando.

La invitación

TERAPEUTA: Ahora que todo esto se ha ido, ¿a la niña qué le gustaría incorporar o invitar a entrar?

HETTA: Fuerza. Energía. ¡Jugar!

TERAPEUTA: ¿Cómo está ella ahora?

HETTA: Muy bien. Se la ve tan tranquila y a gusto. ¡Es asombroso!

TERAPEUTA: Invita a sus protectores a que vengan y echen un vistazo. Hazles saber que ella está a salvo contigo ahora. ¿Alguno de ellos tiene algo que decir?

HETTA: Sí, les gusta.

TERAPEUTA: ¿Alguno de ellos necesita tu ayuda porque se siente atrapado o porque lleva cargas?

HETTA: Creo que sí.

TERAPEUTA: Eso tiene sentido. Hazles saber que volveremos con ellos la semana que viene. Mientras tanto, ¿necesitan un lugar seguro para estar?

HETTA: No, están bien.

TERAPEUTA: ¿Dejarán que cuides a la niña de siete años?

HETTA: Sí. Están de acuerdo con eso.

* * *

Una vez que la niña de siete años exiliada de Hetta se siente comprendida y validada, y sus temores han sido atendidos, ella está dispuesta a confiar en el Self de Hetta y a soltar sus cargas. Al final de su descarga, el terapeuta invita a las partes que la han protegido a que se den cuenta de lo que ha sucedido y hablen de cualquier otra preocupación, así como de sus propias necesidades.

Como ilustra la descarga de Hetta, IFS es un modelo transformador. Una vez que los protectores permiten al Self del cliente tener una relación con un exiliado, el hecho de que el Self sea testigo de la experiencia del exiliado sana las heridas de apego. Cuando el exiliado está listo para dejar el pasado, su recuperación formaliza el cambio mental del cliente hacia el presente, lo cual libera a los protectores. Por último, la descarga ilustra tanto las maneras en las que las experiencias atemorizantes y las creencias opresivas («No me quieren, no valgo nada») se agarran al cuerpo («Tengo alfileres en el corazón»), como los beneficios maravillosamente antitéticos de sentirse seguro y unido en el presente con el Self.

PASO A PASO, PERO NO SEMPRE LINEAL

A medida que avanzamos siguiendo estos pasos —desde entablar amistad con los protectores hasta ser testigo de exiliados y descargarlos—, sólo podemos ser tan lineales como el sistema del cliente nos permita. A medida que nos acercamos a un exiliado, prevemos que los protectores se van a activar. Si esto sucede, el Self del terapeuta generalmente interviene para explorar sus miedos, tranquiliza y transmite confianza y negocia un camino a seguir.

SOLTAR: EL MOMENTO DE TRANSFORMACIÓN

Después de que el Self sea testigo de las experiencias traumáticas de la parte exiliada y el exiliado esté seguro en el presente, el Self invita a la parte a soltar las sensaciones traumáticas del cuerpo, las creencias tóxicas y los sentimientos extremos. Nosotros invitamos al exiliado a elegir cómo quiere soltar la carga, y a menudo le sugerimos elegir uno de los elementos (luz, tierra, aire, agua, fuego); opción que se fue desarrollando orgánicamente a lo largo de los años a medida que los terapeutas IFS iban incorporando los deseos de los sistemas internos de los clientes para descargar, y que es conforme a las tradiciones de chamanismo. Soltar es el punto final ceremonial de todo el proceso de descarga. Antes de proceder, nos aseguramos de que todas las cargas se hayan ido.

¿CUÁL ES SIGUIENTE PASO PARA LOS EXILIADOS?

Después de la descarga, invitamos a los exiliados a incorporar las cualidades deseadas que han sido bloqueadas por las cargas. La mayoría de las veces nombran algo del estilo de las C habituales (curiosidad, calma, claridad, conectividad, confianza, coraje, creatividad y compasión) o de las P (presencia, paciencia, persistencia, perspectiva, carácter juguetón): «Quiero jugar», «Quiero ser creativo», «Quiero valor», «Quiero amor».

SEGUIMIENTO CON LOS PROTECTORES

Una vez que se ha completado la descarga, hacemos una comprobación con los protectores. ¿Han visto lo que pasaba? ¿Cómo se sienten ahora? ¿Están listos para dejar de trabajar o para reequiparse y tener un nuevo trabajo? A veces están dispuestos a cambiar y a veces esperan a ver cómo van las cosas antes de dejar sus trabajos por completo. Pero en cualquier caso, expresarán alivio y estarán más relajados. Si la descarga no fue completa o si (más adelante) una carga regresa, se mantendrán vigilantes.

¿CUÁL ES EL SIGUIENTE PASO PARA LOS PROTECTORES?

Si las partes protectoras se alivian después de observar la descarga y se sienten preparadas para cambiar, les preguntamos qué preferirían hacer a partir de ahora en vez del antiguo trabajo. A menudo un protector escogerá lo contrario de lo que ha estado haciendo. Por ejemplo, un crítico querrá animar o una parte cautelosa querrá alentar al cliente a explorar. Pero algunos protectores muy trabajadores sólo quieren un descanso. Además, especialmente en clientes con historial de trauma, algunos protectores sostienen sus propias cargas y necesitarán ayuda para descargarlas. Una vez que las partes protectoras hayan liberado sus cargas o abandonado el trabajo que tenían, sus deseos pueden ser sorprendentes. Un protector de una clienta declaró su deseo de ir a navegar, ante lo cual ella se rio a carcajadas y dijo: «¿De dónde demonios ha venido esto? Si a mí no me gustan los barcos. Ni siquiera me gusta nadar».

DESPUÉS DE LA DESCARGA: FUTURAS SESIONES

En las semanas posteriores a una descarga, a menudo oímos a los clientes describir sensaciones análogas a la liberación, como «ligero», «efervescente» o «sereno», y cuando el cliente comprueba su interior se da cuenta de que la parte que fue liberada de cargas está jugando o felizmente ocupada en alguna otra cosa. También escuchamos a menudo informes espontáneos de clientes que se sienten de un modo que nosotros consideramos diferenciado y más liderado por el Self: ese cliente dice estar más tranquilo; a esa clienta le parece sentir más confianza en sí misma, etc. Independientemente de lo que los protectores liberados hayan elegido hacer, volvemos a ellos para comprobar sus necesidades. Y también le pedimos al cliente que compruebe diariamente durante tres o cuatro semanas cómo está la parte que ha sido liberada de sus cargas, porque éste parece ser el tiempo que los sistemas internos requieren para integrar y consolidar el cambio.

CUANDO LAS CARGAS REGRESAN

Pero pueden surgir obstáculos y las cargas pueden recuperarse. Es más probable que esto suceda cuando:

1. Ocurre una crisis en la vida del cliente justo después de una descarga, lo que asusta a los protectores.
2. Un protector que no dio permiso para la descarga la socava activamente.
3. La falta de seguimiento por parte del cliente durante la siguiente semana hace que la parte vuelva a sentirse abandonada de nuevo.
4. La parte exiliada no compartió toda su historia.
5. La carga no fue completamente entendida por el Self.
6. Otra parte dentro del sistema está utilizando la carga.

UNA CARGA REGRESA

TERAPEUTA: ¿Te pondrás en contacto brevemente cada día con la parte que acabas de sanar?

ZACH: Lo intentaré lo mejor que pueda.

TERAPEUTA: ¿Qué podría impedírtelo?

- *«Lo intentaré lo mejor que pueda» es una respuesta lo suficientemente ambivalente como para hacer saltar la alarma.*

ZACH: Estoy muy ocupado.

TERAPEUTA: ¿Qué tal si estableces una hora para hacerlo? ¿Al despertarte o al irte a dormir? Es realmente importante para fortalecer este nuevo vínculo entre tú y él, y el vínculo tarda aproximadamente 3 semanas en reforzarse.

- *Enfatizamos la importancia de hacer la comprobación con las partes que se han liberado durante al menos tres semanas después de la descarga.*

ZACH: Vale, puedo hacerlo.

Una semana más tarde

TERAPEUTA: Vamos a contactar con el adolescente al que ayudaste la semana pasada.

ZACH: Tuve una mala semana. Mi esposa y yo recibimos una llamada del director de la escuela de mi hijo. Le pillaron fumando marihuana en un baile de la escuela. Tuvimos una serie de reuniones y lo expulsaron. Tuvimos que pensar en las consecuencias que esto tendría en casa. Honestamente, en realidad no tuve tiempo de hablar con ese chico.

TERAPEUTA: Lo que pasó con Josh suena preocupante. Vamos a contactar con tu parte adolescente para ver cómo está. ¿Sigue el adolescente en el presente contigo en la playa?

ZACH: Realmente no puedo decirlo. Ya no lo veo más.

TERAPEUTA: Tómate un poco de tiempo y búscalo en tu interior.

- *Si un exiliado ha sido abandonado después de una descarga, sé persistente, haz un seguimiento y reestablece la conexión.*

ZACH: Creo que ha vuelto a mi habitación de la infancia.

TERAPEUTA: Pregúntale qué pasó.

ZACH: Se asustó por lo que estaba pasando entre Josh y yo.

Ser testigo

TERAPEUTA: ¿Nos contaría más sobre eso?

ZACH: Yo estaba enfadado con Josh. El adolescente dice que me comporté como mi padre, así que se fue.

TERAPEUTA: ¿Eso tiene sentido para ti?

ZACH: Sí. Ahora que él lo señala, sí. Mi padre se enfadó mucho cuando era joven y realmente no hablamos de eso la semana pasada.

- *La parte «papá» de Zach se está separando, le está dando ahora un poco más de espacio a Zach. Esta parte «papá» estaba rechazando a la parte adolescente de Zach así como a su hijo.*

TERAPEUTA: Algunas veces una herida se vuelve a abrir porque la parte pierde la conexión contigo, otras veces porque la parte no llegó a contarlo todo. Parece como si a él le hubiesen sucedido un poco las dos cosas.

Rehacer la situación de forma reparadora

ZACH: Ahora me doy cuenta. Me estoy disculpando con él. En realidad no quiero actuar como mi padre.

TERAPEUTA: ¿Estarías de acuerdo en que él te contase más sobre la ira de tu padre?

ZACH: Sí.

* * *

Recomendamos evaluar cómo van las cosas para el cliente y las partes relevantes después de una descarga. Si una carga regresa, lo sabremos de una forma u otra porque afectará negativamente al cliente. Cuanto antes detectemos si hay algún problema, mejor.

No ofreceremos ningún ejercicio en este manual para descargar a los exiliados porque, si te encuentras con uno, te instamos a hacer lo que habitualmente haces con la vulnerabilidad. Para aprender los pasos que ayudan a un exiliado a liberarse de sus cargas, busca formación reglada en terapia IFS.

LA CIENCIA DE DESCARGAR EXILIADOS Y SANAR HERIDAS

Las partes exiliadas están heridas, son vulnerables y a menudo jóvenes. Llevan las cargas de experiencias que las aterrorizan, avergüenzan o las explotan; a veces las tres cosas a la vez. Con sus creencias y sentimientos onerosos, resultan pesadas y amenazantes para el sistema interno. Sin estas cargas, sin embargo, son juguetonas, creativas y con ganas de vivir. Creemos que las partes exiliadas, al igual que los protectores, viven en la mente y utilizan redes neuronales no integradas en el cerebro. Además, los exiliados viven principalmente dentro de la memoria implícita (inconsciente, tenaz, emocional y sin una narrativa cohesiva). La sanación del trauma comienza en la mente cuando accedemos a la imaginación, un poderoso agente neuroplástico (Doidge, 2007), y continúa a medida que convertimos memoria implícita en explícita, para que el cerebro pueda integrar las redes neuronales desreguladas.

El proceso de descarga permite que las partes exiliadas suelten, liberen su dolor, se sientan completas de nuevo y se reintegren en el sistema interno de partes. Este proceso parece coherente con la reconsolidación de la memoria, una forma de neuroplasticidad que cambia la memoria emocional existente a nivel sináptico (Ecker, 2012). La reconsolidación de la memoria incluye cuatro fases: acceso, reactivación, desajuste y borrado.

1) En la fase de acceso de la reconsolidación de la memoria, el cliente identifica y recupera la memoria emocional implícita. En IFS, lo estamos haciendo cuando ayudamos al cliente a encontrar, centrarse y describir una parte diana.

2) En la fase de reactivación, la red de memoria emocional se desestabiliza, lo que la hace susceptible de ser desbloqueada a nivel sináptico. En IFS lo estamos haciendo cuando ayudamos a la parte diana a separarse y a conectar con el Self del cliente, en vez de simplemente revivir su experiencia.
3) La fase de discordancia implica una «desconfirmación»[8] total del significado del recuerdo diana. En IFS creemos que la discordancia se desarrolla a medida que la parte exiliada se siente completamente entendida, validada y amada por el Self durante los pasos de ser testigo, rehacer la situación de forma reparadora y recuperación, todos ellos cruciales para la sanación.
4) En la última fase de borrado, el cliente tiene la oportunidad de revisar el significado de la experiencia traumática con nuevos aprendizajes. De modo parecido en IFS, los exiliados revisan su historia soltando antiguos significados (descargando sensaciones, creencias y sentimientos tóxicos) e incorporando las nuevas cualidades que necesitan. Por supuesto, la reconsolidación de la memoria, como la terapia IFS, no hace que las personas olviden el pasado. Sin embargo, cambia su experiencia emocional actual cuando recuerdan sucesos traumáticos.

El cambio contrarrestante,[9] la principal estrategia de la terapia cognitivo-conductual (TCC), se centra en crear nuevas redes para competir con las antiguas, mientras que la reconsolidación de la memoria, por otro lado, reorganiza la red neural original a nivel sináptico (Ecker, 2012). Creemos que el proceso de descarga en IFS, a través del proceso de reconsolidación de la memoria cura las heridas traumáticas en su núcleo.

8. Aunque el término «desconfirmar», de significado similar a «refutar», «invalidar», «revertir», no está reconocido por la RAE, lo mantenemos aquí, ya que es el utilizado en la traducción al español de la citada publicación de Ecker (2012). Ver Ecker, R; Ticic, R; Hulley, L. (2014). *La reconsolidación de la memoria: desbloqueo del cerebro emocional para la erradicación de los síntomas en psicoterapia*. Barcelona: Octaedro. *(N. de la T.)*

9. Traducción del concepto «counteractive change», en Ecker (2012). *(N. de la T.)*

CARGAS POR LEGADO

Cuando hablamos de «cargas» nos referimos a sentimientos negativos duraderos y continuos (vergüenza, terror, etc.) y a creencias (no soy adorable, no valgo nada, soy malo, etc.) que se originaron en el pasado. En IFS, las cargas por legado se conciben de forma similar, pero se heredan a través de la familia y la cultura. Pueden generarse de dos maneras:

- De forma abierta durante las interacciones con los cuidadores (a menudo los padres u otros parientes importantes en la vida de un niño): Se crea una carga por legado manifiesta cuando el protector del cuidador trata las partes del niño de la misma manera que trata las partes de su propio sistema interno (Sinko, 2016).
- De manera encubierta a través del contagio en la familia y la cultura: Se crean cargas por legado encubiertas porque los niños son muy susceptibles a los sentimientos y creencias de sus padres (Sinko, 2016).

LOS ORÍGENES DE LAS CARGAS POR LEGADO

Una carga por legado a menudo se deriva de un sentimiento duradero fuertemente expresado por un padre o una madre o en una familia (por ejemplo, ansiedad), que puede ir acompañado o no de creencias explícitas (por ejemplo, «Los viajes al extranjero son peligrosos») pero sin estar relacionado con ningún relato revelador concreto. Una carga por legado también puede provenir de las vivencias del grupo de pertenencia de uno de los antepasados (incluyendo las vivencias de los perpetradores), como el genocidio, la esclavitud, la hambruna o la guerra.

Mientras que los exiliados llevan cargas (como «No valgo nada») y tienden a estar impacientes por ser ayudados, y los protectores tienen sus propios tipos de cargas (sus trabajos son pesados) que liberan juntamente con el exiliado, una carga por legado es sistémica y se mantiene o bien por su invisibilidad («Siempre ha sido así») o bien por lealtad. Las cargas por legado, al igual que las cargas personales, pueden provenir de desajustes cotidianos en la infancia o de sucesos más obviamente traumáticos, pero han sido heredadas. Las cargas por legado son sentimientos, creencias, energía y comportamientos cuyos orígenes se remontan a la vida de nuestros antepasados. Como resultado, las cargas por legado pueden tener la cualidad generalizada e indeterminada de los hábitos familiares y de las reglas familiares. Cuando el suceso que generó la carga se consideró vergonzoso y se mantuvo en secreto en el pasado, es particularmente probable que la historia se haya vuelto «desconocida, irrecuperable, vaga, o (como el juego teléfono estropeado) significativamente distorsionada» (Sinko, 2016, p. 173).

LA LEALTAD Y EL LEGADO

La lealtad a los cuidadores y hermanos, a la familia y a la cultura puede poner un poderoso cierre a las cargas de los clientes, gobernándolo todo, desde la elección de la pareja y el trabajo hasta la salud y la forma de morir (Sinko, 2016).

EPIGENÉTICA

Los recientes descubrimientos en el campo de la epigenética también nos dicen que el TEPT es un trastorno heredado genéticamente, que puede ser transmitido a la descendencia por cualquiera de los dos progenitores (Burri *et al.*, 2013). El modelo IFS ha reconocido desde hace tiempo la transmisión intergeneracional del trauma en las cargas por legado.

EN QUÉ SE DIFERENCIAN LAS CARGAS POR LEGADO DE LAS CARGAS PERSONALES

Al igual que pasa con otras cargas, podemos darnos cuenta de que hay una carga heredada en cualquier momento. Dicho esto, a menudo descubrimos cargas por legado cuando los protectores son particularmente poco cooperativos y el sistema del cliente parece estar atascado o cuando los efectos de una descarga normal no duran. La carga por legado puede encontrarse en cualquier parte del sistema, no siempre la cargan los exiliados. Y una vez que el cliente reconoce que una carga en concreto es heredada y no personal, entonces los protectores suelen querer soltarla (Sinko, 2016). Si esto no sucede, sino que, por el contrario, los protectores son reacios a soltar la carga, entonces recomendamos explorar posibles preocupaciones relacionadas con la lealtad familiar, ya que es muy probable que ésta sea un factor a tener en cuenta.

UNA CARGA POR LEGADO

TERAPEUTA: Sigues mencionando que los sentimientos no estaban permitidos en tu familia. ¿Estás interesada en explorarlo más?

NADINE: Claro, así eran las cosas, y así siguen siendo, de hecho.

TERAPEUTA: Entra en tu interior y mira qué te viene sobre el hecho de que los sentimientos no se permitieran.

NADINE: Estoy viendo a mi madre diciéndome que no sienta esto o aquello.

- *Una parte comienza a mostrarle su experiencia.*

TERAPEUTA: ¿Emerge alguna situación en particular?

NADINE: Ella nos transmitió un mensaje general acerca de que los sentimientos no son útiles, se interponen en el camino y deben ser apartados para poder seguir adelante. Así era en mi familia. Como adulta, me doy cuenta de lo dañino que era.

- *Llamamos a este tipo de cultura familiar una carga por legado.*

TERAPEUTA: Parece que ésta fue su creencia, que os influyó a ti y a tu hermano de manera negativa. ¿Es eso cierto?

NADINE: Por supuesto.

TERAPEUTA: ¿Necesitas esta creencia?

NADINE: ¡No!

TERAPEUTA: ¿Te gustaría descargarla?

NADINE: ¡No me di cuenta de que podía hacerlo! Está dentro de mí, como si estuviera en las células. Me encantaría cambiarlo.

TERAPEUTA: Puedes soltarlo. Te mostraré cómo hacerlo.

NADINE: ¡Genial! Hagámoslo.

TERAPEUTA: Céntrate en la parte o partes que creen que los sentimientos son malos y que tú no deberías tenerlos.

NADINE: No es simplemente una parte. Es como... intersticial.

TERAPEUTA: ¿Algo de esto pertenece a tu sistema?

NADINE: No, pertenece a mi madre.

TERAPEUTA: Mentalmente, pregunta a tu madre si la creencia le pertenece.

NADINE: Ella dice que la creencia vino de su madre.

TERAPEUTA: De acuerdo. ¿Ellas quieren compartir algo contigo sobre esta creencia?

NADINE: Ambas dicen que simplemente es el papel de las mujeres en nuestra familia. Se supone que debemos ignorar las dificultades y continuar adelante.

TERAPEUTA: ¿Esto tiene sentido para ti?

NADINE: ¡Sí! Es la cruz que cargan las mujeres en mi familia.

TERAPEUTA: Bueno, ahora puedes escoger. Sabiendo que esto no te pertenece, ¿quieres soltarlo?

NADINE: Estoy totalmente lista para descargarlo. No quiero vivir así ni un minuto más.

TERAPEUTA: De acuerdo. Encuentra la creencia, dentro o alrededor de tu cuerpo. ¿La tienes? ¿Qué aspecto tiene?

NADINE: Es una armadura, una placa metálica en el pecho. ¡En realidad es medieval!

TERAPEUTA: ¿Cómo quieres soltarlo?

NADINE: Estoy dejando que se hunda en el fondo del mar, para que los cangrejos y los peces vivan en él.

* * *

El sistema de Nadine estaba dispuesto a soltar esta carga por legado, lo cual ocurre a menudo, pero no siempre. La mejor táctica es simplemente preguntar si el sistema del cliente está listo para descargar una carga por legado. Si no lo está, entonces podemos invertir tiempo abordando los posibles miedos y descubriendo los lazos que atan.

Ejercicio

ENCUENTRA TUS CARGAS POR LEGADO

INSTRUCCIONES: Crea un genograma familiar que incluya todo lo que sepas (o puedas averiguar) sobre tu familia extensa. Hay páginas web gratuitas *on line* que ofrecen diversas opciones para tipos de genogramas (por ejemplo, http:/www.genopro.com/Default-New.aspx).

En tu genograma:

- Destaca el trauma en general y anota los temas específicos a los que deseas seguir la pista, como alcohol, divorcios, violencia doméstica, incesto, múltiples partos, condiciones de vida inseguras, esclavitud, racismo, abuso de sustancias, guerra, genocidio, hambruna, inmigración, y similares.
- Incluye también lo positivo, como dones y talentos particulares: dotes musicales, capacidad para las matemáticas, buen manejo de las máquinas, buenas habilidades relacionales...

Por ejemplo:

Mis abuelos maternos:

- Mary

- Creció en la ciudad de Nueva York, hija de inmigrantes de Irlanda que trabajaban en fábricas, padre alcohólico, 10 hermanos, 2 murieron en la infancia.

- Colin
    - Creció en el norte del estado de Nueva York, hijo de un fontanero y una ama de casa que tuvo una «crisis nerviosa» cuando Colin tenía 10 años.
- Sus hijos
    - Mi madre, Sybil
    - Tía Eleanor
    - Tío Edward (murió accidentalmente a los 15 años)

Mis padres:

- Sybil: profesora de escuela
- Joseph: contable
    - Mis hermanos y yo
        - ◊ Yo
        - ◊ Liam: pintor de casas, problema con el alcohol, 1 niño
        - ◊ Marie: enfermera, 2 niños

Tía Eleanor: renunció a la ambición de ser cantante de ópera

- Su marido, Al: mecánico de coches
    - Mis primos
        - ◊ Sharon: cantante talentosa, sin hijos
        - ◊ Dale: trabaja como actuario, 3 niños

Observa los patrones repetidos de fortalezas y vulnerabilidades en el mapa ancestral y escríbelos a continuación; utiliza más hojas si lo necesitas.

Fortalezas:

____

____

____

____

Vulnerabilidades:

____

____

____

____

Elige una vulnerabilidad ancestral que también resida en ti y que haya influido en tu vida.

- Dirige tu atención al interior y pide permiso para prestar atención a esta vulnerabilidad.
- Si hay preocupaciones al respecto, escúchalas y deja clara tu intención de regresar a ellas con la ayuda de un terapeuta; o, si obtienes permiso, procede.
- Nota la vulnerabilidad en tu cuerpo o alrededor de él.
- Haz la siguiente pregunta y escribe lo que escuches sin censurar o pensar:
  - ¿Qué porcentaje de esta vulnerabilidad me pertenece, y qué porcentaje pertenece a mis padres (o a alguna otra persona relevante en tus primeros años)?

____________________ % me pertenece.

____________________ % pertenece a ____________________

SECCIÓN 6

Consejos para la terapia

OPCIONES PARA FINALIZAR UNA SESIÓN

Algunas personas cierran los ojos durante toda una sesión o gran parte de ella, y es probable que pierdan la noción del tiempo; a otras no les pasa. A algunas personas les gusta que las avisen 5 minutos antes de acabar una sesión; otras prefieren saberlo con más tiempo. En función de las preferencias del cliente, puedes decir algo parecido a esto para ir cerrando una sesión:

- «Sólo nos quedan unos minutos más hoy ».
- «Casi se nos acaba el tiempo ».
- «Tendremos que terminar pronto ».

Luego, dependiendo de lo que esté sucediendo, puedes ofrecer algunas opciones:

- Si estás negociando con un protector:
  - «Tenemos que acabar la sesión en un par de minutos, ¿a esta parte le gustaría que la próxima sesión regresáramos y le prestáramos atención?».
- Si la respuesta es no:
  - «De acuerdo. ¿Le parecería bien si la próxima sesión regresáramos simplemente para seguir hablando de esto?».

- Si estábamos en el proceso de ser testigo de un exiliado:
  - «A esta parte, ¿dónde le gustaría estar entre ahora y nuestra próxima sesión que se sintiera segura y cómoda?».

ENTRE SESIONES PARA LOS CLIENTES

Si estás dialogando con una parte, necesitarás dejar clara tu intención de regresar.

- «A esta parte, ¿dónde le gustaría estar mientras tanto? No tiene que moverse, pero si quisiera quedarse en algún otro sitio, puede escoger estar en cualquier lugar o cualquier momento. Pídele que te muestre dónde le gustaría estar y qué necesitará durante este tiempo hasta la próxima sesión».
- «Si la parte lo quisiera, ¿estarías disponible para contactar con ella y ver cómo está?».
- Si la respuesta es sí:
  - «Si dices que lo harás, asegúrate de cumplirlo. ¿Hay algún momento del día en que puedas hacerlo regularmente, como por ejemplo cuando te despiertas o cuando te vas a la cama?».

A veces las partes sólo quieren poder llamar al cliente si lo necesitan, en cuyo caso preguntamos:

- «¿De qué manera querría esta parte llamar tu atención si te necesita? ¿Y qué le dirás a la parte si no puedes prestarle atención en ese preciso momento?».
- Si el cliente dice «No lo sé», ofrécele opciones:
  - Podrías decir: «Estoy ocupado ahora mismo, pero me pondré en contacto contigo a las 4 p. m., cuando termine con estas llamadas telefónicas», o lo que sea que la situación requiera. Pero si te comprometes a hacerlo, escríbete una nota para asegurarte de que lo haces. Para ser de confianza, tienes que ser coherente.

Después de hacer el cierre con la parte diana, haz una comprobación con el sistema en su conjunto.

– «¿Hay alguna parte que quiera que sepas algo o que quiera algo de ti antes de que terminemos hoy?».
– «¿Alguien quiere algo de ti durante la próxima semana?».
– «Vale, vamos a pedirles a todas tus partes que vuelvan al interior y recuperen su energía para que tú puedas funcionar en tu vida desde ahora hasta nuestra próxima sesión».

ENTRE SESIONES PARA TERAPEUTAS

Es una buena costumbre que los terapeutas se tomen unos minutos entre sesiones para conectar con sus partes. Algunas partes pueden haber sido activadas por el cliente anterior y pueden necesitar cierta atención, o bien otras partes pueden estar nerviosas y temerosas por el próximo cliente. Puedes convertir en un hábito regular la siguiente meditación entre sesiones para disipar la energía de tus partes activadas para que puedas estar abierto y disponible para tu próximo cliente.

Meditación

COMPROBACIÓN INTERNA DEL TERAPEUTA ENTRE SESIONES

- Cierra los ojos (si te sientes cómodo así) y pregunta en tu interior si tu anterior cliente ha disparado alguna de tus partes.
- Pregunta a tus partes si necesitan algo de ti ahora. Mira si están dispuestas a relajarse.
  - Si no es así, deja clara tu intención de hacer un seguimiento más adelante y sé específico sobre cuándo volverás a contactar con ellas,

y luego pídeles que vayan a la sala de espera (en tu mente) mientras ves a tu próximo cliente.

- Haz espacio en tu interior para llevar energía del Self a la experiencia de ser disparada por tu último cliente.
- Cuando esas partes se hacen a un lado, observa el espacio interno que se crea.
- Ahora pregunta si tus partes se sienten inquietas por tu próximo cliente.
  - Escucha sus preocupaciones y hazles saber que pueden descansar cerca de ti durante la sesión o, si se sienten más cómodas así, pueden ir a la sala de espera.
  - Pregúntales si pueden confiar en tu Self para manejar la próxima sesión.
- De nuevo, conéctate con tu Self antes de proceder con tu próximo cliente.

RESOLUCIÓN DE PROBLEMAS: OBSTÁCULOS COMUNES Y PREGUNTAS FRECUENTES

- Al cliente no le gusta el lenguaje IFS y le desconcierta la idea de las partes.
  - Sabiendo que el cliente está hablando sobre una parte, podemos utilizar el lenguaje del cliente: «Así que cuando te enfadas...» o «Cuando comes demasiado...».
- El cliente se siente incómodo prestando atención a la experiencia interna: sensaciones, sentimientos o pensamientos.
  - Pide permiso para averiguar por qué y luego escucha las razones. A menudo el problema es el desbordamiento del exiliado o el miedo a dar demasiado poder a un protector extremo.
- El cliente cree que las partes son una evidencia de que hay patología.
  - Normalizamos la multiplicidad psíquica y validamos la buena intención de las partes.

- El cliente es complaciente, pero no está comprometido.
  - Haz esta observación al cliente de una manera amable y pregunta si le apetece investigarlo. Luego busca la parte (generalmente una parte como el Self) que está sacando de la terapia al cliente y pregúntale sus motivos.
- Las partes del cliente se presentan en un confuso remolino.
  - Sé paciente, observa que esto es así, averigua por qué tal presentación podría ser importante.
- El cliente sólo quiere contar historias y pedir tu opinión.
  - Valora a este protector y pregúntale si está dispuesto a ser franco sobre sus preocupaciones, en vez de impedir que otras partes tengan la oportunidad de ser escuchadas.
- El cliente está mezclado con una parte difícil o intimidante:
  - Un exiliado con intensos sentimientos negativos que amenaza con abrumar.
  - Un crítico cruel.
  - Una parte que se autolesiona o una parte suicida.
  - Una parte enfurecida.
  - Utiliza el acceso directo para hablar con la parte.
- Los protectores del cliente no quieren hacer espacio para el Self.
  - Confía en tu Self para tomar la iniciativa y explorar.
  - Puede haber una parte como el Self activada.
  - Una parte protectora puede tener sentimientos negativos hacia el Self del cliente.

SECCIÓN 7

Otras aplicaciones de la terapia IFS

PREOCUPACIONES HABITUALES SOBRE PRACTICAR IFS

1) No tengo suficiente experiencia o formación como terapeuta IFS.
   a. Los terapeutas IFS sin experiencia pueden hablar con los protectores de forma segura, pero no deben tratar de trabajar con exiliados.
2) No me siento seguro sobre el manejo de las dificultades que surgirán.
   a. La confianza viene con la experiencia. Los terapeutas que tienen poca experiencia o poca formación en IFS también pueden entrevistar a los protectores de forma segura.
   b. También recomendamos la formación reglada y la supervisión de un terapeuta experimentado de IFS, así como experiencia directa como cliente en terapia IFS.

PREGUNTAS COMUNES SOBRE PRACTICAR IFS

1) ¿Puedo integrar IFS con mi formación previa?
   a. Siempre y cuando puedas mantenerte curioso, validador, compasivo y educado con las partes del cliente (es decir, ser lide-

rado por el Self), siéntete libre de intentar las habilidades que conoces y en las que confías.

b. Sé consciente de que IFS difiere de enfoques terapéuticos para trauma más tradicionales en algunos aspectos importantes (Anderson y Sweezy, 2016).

c. Recomendamos realizar la terapia con un marco general de IFS e integrar otras modalidades en la medida que consideres pertinente. Por ejemplo, puedes hacer un fragmento con terapia cognitivo-conductual, EMDR o trabajo corporal con una parte protectora en concreto si la parte está dispuesta.

2) ¿Qué debo hacer si se dispara un exiliado involuntariamente?

a. Discúlpate con los protectores del cliente, hazles saber que éste no era tu objetivo y valida su necesidad de hacer su trabajo.

Muchos terapeutas experimentados y talentosos formados en IFS están adaptando IFS a diferentes poblaciones terapéuticas y a diferentes modalidades de terapia en los Estados Unidos y en otros lugares. La lista que sigue a continuación no lo incluye todo. Para más publicaciones e información, por favor visite la página web de The Center for Self-leadership: https://www.selfleadership.org.

MODALIDADES DE TERAPIA

Parejas

En su adaptación de IFS a la terapia de pareja (intimidad de adentro hacia afuera o IFIO),[10] Toni Herbine-Blank enfatiza la importancia de una buena comunicación para las relaciones íntimas. Enseñando a la pareja a hablar por las partes y desde el Self, IFIO les ayuda a superar sus diferencias, a renunciar a avergonzarse interna y externamente y a

10. «IFIO» son las siglas de su denominación original en inglés: Intimacy from the Inside Out. *(N. de la T.)*

mantener conversaciones difíciles hasta que cada miembro de la pareja se sienta completamente escuchado, comprendido y capaz de vivir con sus diferencias (Herbine-Blank, 2013; Herbine-Blank, Kerpelman y Sweezy, 2016).

Toni Herbine-Blank, MSN: Formadora IFS Senior + Desarrolladora de formación y Directora de Intimacy from the Inside Out, www.toniherbineblank.com

Familias reconstituidas

En su trabajo con familias reconstituidas, Patricia Papernow utiliza IFS para clarificar cinco grandes retos creados por la estructura de una familia adoptiva. Para cada desafío, tres niveles de trabajo clínico ayudan a que las partes extremas se relajen y apoyen el liderazgo del Self que se requiere para afrontar estos retos: I. Nivel psicoeducativo: Se proporciona información acerca de cómo las familias reconstituidas son diferentes de las familias constituidas por primera vez, qué funciona y qué no para poder afrontar los retos. II. Interpersonal: Se apoya la conexión de Self a Self frente a las fuerzas divisorias de la estructura de la familia reconstituida. III. Intrapsíquico: Cuando la reactividad permanece alta (o baja), se utiliza IFS para curar viejas magulladuras o heridas de la familia de origen que puedan estar impulsando la reactividad (Papernow, 2013).

Patricia Papernow: Surviving and Thriving in Stepfamily Relationships: What Works and What doesn't. www.stepfamilyrelationships.com, ppapernow@gmail.com.

Niños y adolescentes

En su adaptación de IFS para niños y adolescentes, Pamela Krause señala que los niños, que son impotentes en relación a los adultos, deben influir indirectamente en la dinámica familiar y en el comportamiento de los adultos. Los síntomas, que simbolizan ese carácter indirecto, nos llevan a las partes que resuelven problemas internamente. Krause ilustra cómo podemos usar IFS para ayudar a los padres a separarse de sus protectores mientras los niños se externalizan y entran en relación con sus partes, para que puedan validar las preocupaciones de los protectores y sanar las heridas de sus exiliados (Krause, 2013).

Pamela Krause: pamela.krause@gmail.com, 717-732-6055.

Ser padre/madre de hijos adultos

En su adaptación de IFS a los retos de la educación de los hijos adultos, Paul Neustadt diferencia entre paternidad/maternidad dirigida por el Self y paternidad/maternidad reactiva. El progenitor dirigido por el Self puede ver el presente con perspectiva y claridad, mientras que el progenitor mezclado con sus protectores reacciona a la situación presente como si fuera una experiencia negativa del pasado. Neustadt ilustra cómo el enfoque IFS puede ayudar a los progenitores a separarse de los protectores y ejercer su paternidad/maternidad desde el Self (Neustadt, 2016).

Paul Neustadt: probneus@gmail.com.

Grupos

La terapia de grupo es un término general que cubre una amplia diversidad de opciones para una variedad de poblaciones muy diferentes. Aunque hasta ahora no hay publicaciones que describan cómo usar el modelo IFS en la terapia de grupo, muchos profesionales cualificados están utilizando IFS con grupos. Consideramos que los principios básicos de IFS (todo el mundo tiene partes, y cuando las partes protectoras se separan, el Self está ahí para sanar las partes heridas) pueden ser adaptados a la terapia de grupo para muchas poblaciones de clientes, incluyendo sobrevivientes de trauma, depresión, ansiedad, desórdenes alimenticios y adicciones.

Movimiento

En su adaptación somática de IFS, Susan McConnell localiza las manifestaciones físicas de las heridas de apego y trauma e ilustra cómo el terapeuta IFS puede usar la respiración, el movimiento y el contacto físico para encarnar el Self, relacionarse con las partes y, desde esta posición de testigo ventajosa, descargar e integrar estas partes en el sistema interno (McConnell, 2013).

Susan McConnell: susanmccon@gmail.com, embodiedself.net.

TRAUMA

Trastorno de estrés postraumático (TEPT), trastorno de identidad disociativa (TID), Trastorno de estrés extremo no especificado (o TEPT complejo)

En su aplicación de IFS al trauma, Frank Anderson y Martha Sweezy diferencian la terapia IFS del tratamiento de trauma estándar: el tratamiento estándar divide la terapia en fases y ofrece varias prácticas que tienen por objeto ayudar al cliente a estabilizarse antes de pasar a alguna variedad de opciones basadas en la exposición para procesar recuerdos traumáticos. Por el contrario, IFS acoge los síntomas extremos o partes extremas al principio, desarrollando (por dentro y por fuera) una forma de relación que culmina en el amor y que tiene el poder relacional de desmentir las diversas falsedades agresivas que el trauma promueve («No soy amable, no valgo nada») (Anderson y Sweezy, 2016).

Frank Anderson: FrankAndersonMD.com, Frank@FrankAndersonMD.com.

Martha Sweezy, Northampton, MA, 617-669-7656, http://marthasweezy.com.

El trauma de las enfermedades físicas crónicas y las enfermedades físicas relacionadas con el trauma

En su adaptación del modelo IFS a las enfermedades crónicas, Nancy Sowell ilustra las formas en las que calmar y sanar el corazón con la práctica de la autoaceptación profunda de IFS alivia la desregulación emocional y fisiológica que normalmente sigue al trauma. Además, los conflictos que a menudo acompañan a las enfermedades crónicas, como el estoicismo vs. el miedo y la tristeza, se suavizan.

Esta suavización conduce a una mejora de la autocompasión, del empoderamiento y de la sanación tanto para el cuerpo como para el corazón (Sowell, 2013).

Nancy Sowell: www.nancysowell.com.

ENFERMEDADES MENTALES QUE SON TRAUMÁTICAS

Trastorno bipolar y esquizofrenia

No se ha realizado ningún estudio hasta la fecha y no conocemos ninguna publicación que tenga por tema la utilización de IFS para tratar enfermedades mentales graves. Pero sí sabemos por experiencia clínica que la enfermedad mental grave es traumática en sí misma y esperamos explorar el uso de IFS con clientes que tengan estas experiencias.

ENFERMEDADES MENTALES QUE PUEDEN ESTAR RELACIONADAS CON EL TRAUMA Y LA BIOLOGÍA

Depresión y ansiedad

En el proceso de explorar las fortalezas concretas de IFS, Martha Sweezy especula que IFS es efectivo con una amplia franja de sufrimiento psíquico porque la autocompasión, que es la pieza central de IFS, es mutuamente excluyente con el avergonzarse de uno mismo, y la vergüenza tiene un papel fundamental en muy diversos síntomas, incluyendo la depresión y la ansiedad (Sweezy, 2016).

Martha Sweezy, Northampton, MA, 617-669-7656, http://marthasweezy.com.

SEXUALIDAD

Acoger a todas las partes sexuales y reacciones a lo erótico

Empleando los conceptos de IFS en relación con la sexualidad, Larry Rosenberg señala que las partes interiorizan los mensajes culturales polarizados sobre la sexualidad, que van desde el deseo excitado hasta la inhibición vergonzosa. Y él sostiene que lo erótico consiste en polarizaciones yin-yang esenciales, y que la estimulación erótica se beneficia de la oportunidad de jugar con tensiones en conflicto. Cuando los terapeutas descargan sus partes ansiosas o sus partes que juzgan, pueden ayudar a los clientes a explorar su funcionamiento, sus identidades y comportamientos sexuales (Rosenberg, 2013).

Larry Rosenberg, Ph.D., 1105 Massachusetts Ave. Suite 3F, Cambridge, MA 02138, 617-491-1085, larry_rosenberg@hms.harvard.edu

PÉRDIDA

Duelo liderado por el Self

En su adaptación de IFS a la terapia de duelo, Derek Scott distingue entre duelo simple y complicado. El primero es sencillo y requiere que el terapeuta IFS encarne la energía de Self mientras acompaña y guía (según sea necesario) al cliente en duelo. El segundo, el duelo complicado, nos lleva a partes que han experimentado una pérdida sin apoyo en el pasado y que necesitan el amor y la compasión del Self del cliente para sanar (Scott, 2016).

Derek Scott: 519-438-6777, derek@derekscott.com, www.derekscott.com.

OPRESIÓN

Racismo (y todas las formas de exclusión o intolerancia, incluyendo homofobia, transfobia, misoginia, xenofobia)

Para abordar su propio racismo, Richard Schwartz estableció una buena relación con sus partes racistas y comprendió mejor su función protectora. Él señala que el reto de reconocer nuestra propia intolerancia, especialmente la que está oculta, puede parecer un campo de minas, pero no lo es tanto si lo pensamos y hablamos en términos de partes —y del Self—, porque las creencias y los comportamientos racistas de nuestras partes no nos definen en nuestra totalidad. Además, Schwartz muestra que ayudar a que todas nuestras partes sientan un vínculo seguro y se sientan seguras internamente libera a los protectores agresivos de sus trabajos onerosos (repudiados en su mayoría). Al facilitar conversaciones dirigidas por el Self, Schwartz ha sido capaz de movilizar a gente —incluso a gente que está en guerra (específicamente, los israelíes y los palestinos)— para que atiendan a las heridas del racismo tanto a nivel personal como comunitario (Schwartz, 2016).

Richard Schwartz: https://www.selfleadership.org.

PROTECCIÓN EXTREMA

Partes agresoras

Usando IFS en la terapia con agresores, Richard Schwartz aprendió que las partes agresoras son una clase distinta de protectores: tienen el impulso de dominar y humillar, experimentan alivio cuando se encuentran en una posición de poder, desprecian y se empeñan en castigar la vulnerabilidad interna y la de los demás, y no muestran la más mínima preocupación por las consecuencias o los sentimientos de aquellos a los que victimizan. Aunque estas partes son destructivas y atemorizan, Schwartz señala que no nacieron para comportarse de esta manera o hacer este trabajo. De hecho, a los protectores no les gusta hacer su trabajo y realmente cambian una vez que se sanan las partes a las que protegen (Schwartz, 2016).

Richard Schwartz: https://www.selfleadership.org

LA DISTRACCIÓN COSTOSA DE LA ADICCIÓN

Alcohol y drogas

En su adaptación de IFS al tratamiento de la adicción, Cece Sykes ayuda a los clientes a ver la polaridad habitual en la adicción entre una autogestión severa y la toma de riesgos compulsiva, y cómo los protectores atrapados en cada rol tienen buenas intenciones. Su objetivo general es ayudar a los clientes a lograr la autocompasión que necesitan para restaurar el equilibrio interior y sanar (Sykes, 2016).

Cece Sykes, LCSW, 708-903-4348, www.cecesykeslcsw.com, cecesykes427@gmail.com.

Pornografía

Evitando el enfoque estándar avergonzante de la terapia para adictos al sexo, el primer objetivo de Nancy Wonder cuando utiliza IFS con adictos a la pornografía es que el terapeuta sea dirigido por el Self mientras explora la polaridad interna que se apodera del cliente: una parte a la que le encanta el porno y otra que ve al cliente como débil, vergonzoso y despreciable por necesitar el porno para distraerse y calmarse. Acoger a los protectores de ambos lados de esta polaridad ayuda al cliente a ser dirigido por el Self, a sanar partes exiliadas y a soltar la ilusión compulsiva del reconfortarse (Wonder, 2013).

Nancy Wonder se especializa en heridas de apego, abuso sexual y actos sexuales:

850-222-7112, nancywonder@icloud.com.

Trastornos alimentarios

Anorexia, bulimia, atracones compulsivos

Al describir el uso de IFS con los trastornos alimentarios, Jeanne Catanzaro explica que el cliente con un trastorno alimentario tiene protectores polarizados que tienen miedo los unos de los otros y de los sentimientos exiliados que surgen cuando se relajan. Con IFS, el terapeuta puede validar los miedos de estas partes bien intencionadas y reducir su conflicto para acceder y curar la herida subyacente (Catanzaro, 2016).

Jeanne Catanzaro: jeannecatanzarophd@gmail.com.

MÁS ALLÁ DE LA PSICOTERAPIA

Psicofarmacología

En su adaptación de IFS a la psicofarmacología, Frank Anderson plantea cinco estrategias para prescribir medicación. Primero identifica una lista de síntomas y abre un diálogo con las partes para poder diferenciar una afección biológica del comportamiento de una parte. A continuación, valida las experiencias previas que las partes hayan podido tener anteriormente con la medicación y aborda sus preocupaciones sobre el futuro. Después de hacerlo, prescribe medicación sólo si todas las partes están conformes. Una vez que se alcanza el consenso, él educa a las partes sobre lo que pueden esperar de los medicamentos y las invita a permanecer en comunicación sobre su experiencia. Por último, ayuda a sus propias partes a separarse, para que él pueda ser liderado por el Self en el rol de educador mientras el cliente toma las decisiones (Anderson, 2013).

Frank Anderson: FrankAndersonMD.com, Frank@FrankAndersonMD.com.

Mindfulness

En su introducción al libro *Internal Family Systems Therapy: New Dimensions,* Jack Engler escribe sobre sus experiencias en la terapia personal con IFS y los notables paralelismos y diferencias entre el concepteo de Self de Schwartz y las enseñanzas de varias tradiciones espirituales. Mientras que la mayoría de las prácticas espirituales buscan acceder a lo que ya está completo, consciente y despierto en nosotros, Engler observa que hay un par de diferencias clave entre el enfoque IFS y la mayoría de las tradiciones espirituales: en primer lugar, el Self es interactivo, y en segundo, el acceso al Self no requiere años de práctica disciplinada (Engler, 2013).

Jack Engler, Ph.D.: 266 Peakham Road, Sudbury, MA 01776, 978-460-4259, jackengler@verizon.net.

Coaching en salud

En su adaptación de IFS al *coaching* en salud (Self-aware informational nonjudgmental health coaching o SINHC™), John Livingstone y Joanne Gaffney enseñan a los *coaches* en salud a ser conscientes de los sentimientos y creencias de sus propias partes para que puedan estar emocionalmente disponibles para el paciente. Usando acceso directo con las partes del paciente (llamado entretejido informativo o «information interweave™»), los *coaches* formados en SINHC no ofrecen consejo al empezar. En vez de eso, escuchan los sentimientos y creencias de las partes de los pacientes. Al expresar interés y validar sus preocupaciones, el entrenador ayuda a que las partes protectoras se relajen para que el paciente pueda escuchar información basada en la evidencia y tomar decisiones lideradas por el Self (Livingstone y Gaffney, 2013).

Joanne Gaffney: 508 487-0400, jgaffneyliving@gmail.com.

John B. Livingstone: Health, Athletic, and Executive Coaching Science, Gaffney & Livingstone

Consultores, 522 Commercial St, Provincetown, MA 02657, jlivingstoneservices@comcast.net.

508-487-0455, 617-413-7131b

Creatividad

En su introducción al libro Innovations and Elaborations in Internal Family Systems Therapy, Janna Malamud Smith compara el proceso de la psicoterapia IFS, en el que los procesos psíquicos se concretan a medida que los clientes y las partes interactúan, con la forma en que la ficción, la poesía y el drama recurren al mismo proceso esencial de la mente a medida que los escritores ubican y habitan diferentes perspectivas, no sólo de sus personajes, sino también de las partes de sus personajes (Smith, 2016).

Janna Smith es una colaboradora habitual de Cognoscenti de la radio de Boston WBUR: Jannamalamudsmith.com, jannamsmith@verizon.net

Investigaciones relacionadas con IFS

Michael Mithoefer y su grupo de investigación han estado estudiando los efectos de la droga 3,4-metilendioximetanfetamina (MDMA, su nombre recreativo es éxtasis) para ayudar en la psicoterapia con veteranos de guerra, bomberos, oficiales de policía y personas con TEPT por violación, asalto o abuso infantil. Mithoefer, un psiquiatra formado en IFS, escribió: «MDMA fomenta un pronunciado aumento de la energía de Self en los clientes que toman la droga, junto con una mayor conciencia de sus partes y de su habilidad para diferenciarse de ellos». Sus resultados, tanto a corto como a largo plazo, han sido notables en la reducción de los síntomas del TEPT.

Michael Mithoefer: mmithoefer@mac.com.

Un estudio publicado en el *Journal of Rheumatology* en 2013 (Shadick, *et al.*) mostró que el tratamiento con IFS tiene efectos favorables en pacientes con artritis reumatoide. Este estudio fue presentado al NREPP (National Registry for Evidence-based Programs and Practices; Registro Nacional para Programas y Prácticas Basados en la Evidencia), lo que dio como resultado su aprobación del IFS como una práctica basada en la evidencia. En particular, encontraron efectos prometedores de IFS en la mente (depresión, ansiedad), el cuerpo (condiciones de salud física) y el espíritu (resiliencia personal y autoconcepto).

Recientemente, la Foundation for Self-Lidership, una organización sin ánimo de lucro dedicada al avance de IFS a través de investigación, becas y su promoción en entornos más allá de la psicoterapia, ha apoyado dos estudios piloto titulados: «Terapia IFS para el tratamiento del TEPT y el trauma complejo» y «Explorando la fenomenología, fisiología y procesos diádicos en una intervención IFS». Este último estudio plantea la hipótesis de que IFS tiene efectos fisiológicos sobre el terapeuta, el cliente y la relación terapéutica entre ellos. Mientras tanto, los resultados del estudio sobre TEPT y trauma complejo demuestran una disminución significativa de los síntomas de TEPT y depresión en 12 de los 13 sujetos después de completar 16 semanas de tratamiento IFS. Si estás interesado en obtener más información sobre la investigación en IFS, visita la página web de la Foundation for Self Leadership.

FoundationIFS.org

Bibliografía

Para su comodidad, los compradores pueden descargar
e imprimir hojas de ejercicios y folletos en
www.editorialeleftheria.com.

American Psychiatric Association. (2013). *Diagnostic and statistical manual of mental disorders* (5.ª ed.). Arlington, VA: American Psychiatric Publishing.

Anderson, F. G. (2013). «Who's Taking What?» Connecting Neuroscience, Psychopharmacology and Internal Family Systems for Trauma. En: M. Sweezy y E. L. Ziskind (eds.), *Internal family systems therapy: New dimensions* (pp. 107-126). Oxford, U.K.: Routledge.

Anderson, F. G. y Sweezy M. (2016). What IFS Offers to the Treatment of Trauma. En: M. Sweezy y E. L. Ziskind (eds.), *Innovations and elaborations in internal family systems therapy* (pp. 133-147). Oxford, RU: Routledge.

Anderson, F. G., (2016, nov.-dic.). Here's How Neuroscience Can Shift Your Client's Emotions in an Instant. *Psychotherapy Networker.*

Burri, A., Küffer, A., Maercker, A. (2013, enero 16). Epigenetic Mechanisms in Post-Traumatic Stress Disorder. *StressPoints.* Recuperado de http://www.istss.org/education-research/traumaticstresspoints/2013-january/epigenetic-mechanisms-in-post-traumatic-stress-dis.aspx.

Catanzaro, J. (2016). IFS and Eating Disorders: Healing the Parts Who Hide in Plain Sight. En: M. Sweezy & E. L. Ziskind (eds.), *Innovations and elaborations in internal family systems therapy* (pp.49-69). Oxford, RU: Routledge.

D'Andrea, W., Ford, J., Stolbach, B., Spinazzola, J., Van der Kolk, B. A. (2012). Understanding Interpersonal Trauma in Children: Why We Need a Developmentally Appropriate Trauma Diagnosis, *American Journal of Orthopsychiatry 82*, 187-200.

Ecker, B., Ticic, R., Hulley, L. (2012). *Unlocking the emotional brain: Eliminating symptoms at their roots using memory reconsolidation.* Londres, RU: Routledge.

Engler, J. (2013). An Introduction to IFS. En: M. Sweezy y E. L. Ziskind (eds.), *Internal family systems therapy: New dimensions* (pp. xvii-xxvii). Oxford, RU: Routledge.

Fisher, S. F. (2014). *Neurofeedback in the treatment of developmental trauma: Calming the fear-driven brain.* Nueva York, NY: W. W. Norton & Company, Inc.

Geib, P. (2016). Expanded Unburdenings: Relaxing Managers and Releasing Creativity. En: M. Sweezy y E. L. Ziskind (Eds.), *Innovations and elaborations in internal family systems therapy* (pp. 148-163). Oxford, RU: Routledge.

Herbine-Blank, T. (2016). Self in Relationship: An Introduction to IFS Couple Therapy. En: M. Sweezy y E. L. Ziskind (Eds.), *Internal family systems therapy: New dimensions* (pp. 55-71). Oxford, RU: Routledge.

Herbine-Blank T, Kerpelman D, Sweezy, M. (2015). *Intimacy from the inside out: Courage and compassion in couple therapy.* Oxford, RU: Routledge.

Herman, J. L., Perry, C. J., Van der Kolk, B. A. (1989, abril). Childhood trauma in borderline personality disorder. *American Journal of Psychiatry, 146*(4), 490-495 (ISSN: 0002-953X).

Herman, J. L. (1992). *Trauma and recovery.* United States: Basic Books.

International Society for the Study of Trauma and Dissociation (2011). Guidelines for treating dissociative identity disorder in adults (3.ª rev., versión resumida). *Journal of Trauma & Dissociation, 12,* 188-212.

Kabat-Zinn, J. (2003, junio). Mindfulness-Based Interventions in Context: Past, Present, and Future. *Clinical Psychology: Science and Practice 10*(2), 144-156.

Kagan, J. (2010). *The temperamental thread: How genes, culture, time and luck make us who we are.* Nueva York: The Dana Foundation.

Krause, P. (2013). IFS with Children and Adolescents. En: M. Sweezy y E. L. Ziskind (eds.), *Internal family systems therapy: New dimensions* (po. 35-54). Oxford, RU: Routledge.

Krause P., Rosenberg L. G., Sweezy M. (2016). Getting Unstuck. En: Sweezy M., Ziskind E. L. (eds.), *Innovations and elaborations in internal family systems therapy* (pp. 10-28). Oxford, RU: Routledge.

Lanius R. A., Bluhm R. L., Coupland N. J., Hegadoren K. M., Rowe B., Théberge J., Neufeld R.W., Williamson P. C., Brimson M. (2010, January). Default mode network connectivity as a predictor of post-traumatic stress disorder symptom severity in acutely traumatized subjects. *Acta Psychiatrica Scandinavica 121*(1):33-40.

Linehan, M. (1993). *Cognitive-behavioral treatment of borderline personality disorder.* Nueva York: Guilford.

Livingstone, J. B., Gaffney, J. (2013). IFS and Health Coaching: A New Model of Behavior Change and Medical Decision Making. En: M. Sweezy y E. L. Ziskind (eds.), *Internal family systems therapy: New dimensions* (pp. 143-158). Oxford, RU: Routledge.

McConnell, S. (2013). Embodying the Internal Family. En: M. Sweezy y E. L. Ziskind (eds.), *Internal family systems therapy: New dimensions* (pp. 90-106). Oxford, RU: Routledge.

Neustadt, P. (2016). From Reactive to Self-Led Parenting: IFS Therapy for Parents. En: M. Sweezy y E. L. Ziskind (rds.), *Innovations and elaborations in internal family systems therapy* (pp. 70-89). Oxford, RU: Routledge.

Northoff G., Bermpohl F., (2004, marzp). Cortical Midline Structures and the Self. *Trends in Cognitive Science 8*(3), 102-107.

Papernow, P (2013). *Surviving and thriving in stepfamily relationships: What works and what doesn't.* Nueva York: Routledge.

Porges, S (2011). *The polyvagal theory: Neurophysiological foundations of emotions, attachment, communication, and self-regulation.* Nueva York: W.W. Norton.

Rosenberg, L. G. (2013). Welcoming All Erotic Parts: Our Reaction to the Sexual and Using Polarities to Enhance Erotic Excitement. En: M. Sweezy y E. L. Ziskind (eds.), *Internal family systems therapy: New dimensions* (pp. 166-185). Oxford, RU: Routledge.

Schwartz R. C. (2013). The Therapist Client Relationship and the Transformative Power of Self. En: M. Sweezy y E. L. Ziskind (eds.), *Internal family systems therapy: New dimensions* (pp. 1-23). Oxford, RU: Routledge.

Schwartz R. C. (2016). Perpetrator Parts. En: M. Sweezy y E. L. Ziskind (eds.), *Innovations and elaborations in internal family systems therapy* (pp. 109-122). Oxford, RU: Routledge.

Schwartz, R. C. (2016). Dealing With Racism: Should We Exorcise or Embrace Our Inner Bigots? En: M. Sweezy y E. L. Ziskind (eds.), *Innovations and elaborations in internal family systems therapy* (pp. 124-132). Oxford, RU: Routledge.

Scott, D. (2016). Self-Led Grieving: Transitions, Loss and Death. En: M. Sweezy y E. L. Ziskind (eds.), *Innovations and elaborations in internal family systems therapy* (pp. 90-108). Oxford, RU: Routledge.

Seppala, E. (2012). The Brain's Ability to Look Within: A Secret to Well-Being. *The Creativity Post,* Dec. 30. Recuperado de http://www.creativitypost.com/psychology/the_brains_ability_to_look_within_a_secret_to_well_being

Siegel, D. J. (2017). *Mind: A journey to the heart of being human*. Nueva York, NY: Norton.

Singer, T, Klimecki O. (2014, sep.). Empathy and Compassion. *Current Biology, 24*(18),

R875-R878.

Sinko, A. L. (2016). Legacy Burdens. En: M. Sweezy y E.L. Ziskind (eds.), *Innovations and elaborations in internal family systems therapy* (pp. 164-178). Oxford, RU: Routledge.

Smith J. M. (2016). Introduction. En: M. Sweezy y E. L. Ziskind (eds.), *Innovations and elaborations in internal family systems therapy* (pp. 1-9). Oxford, RU: Routledge.

Sowell, N. (2013). The Internal Family System and Adult Health: Changing the Course of Chronic Illness. En: M. Sweezy y E. L. Ziskind (eds.), *Internal family systems therapy: New dimensions* (pp. 127-142). Oxford, RU: Routledge.

Sweezy M. (2013). Emotional Cannibalism: Shame in Action. En: M. Sweezy y E. L. Ziskind (eds.), *Internal family systems therapy: New dimensions* (pp. 24-34). Oxford, RU: Routledge.

Sykes C. (2016). An IFS Lens on Addiction: Compassion for Extreme Parts. En: M. Sweezy y E. L. Ziskind (eds.), *Innovations and elaborations in internal family systems therapy* (pp. 29-48). Oxford, RU: Routledge.

Van der Kolk, B. A. (2014). *The body keeps the score: Brain, mind and body in the healing of trauma*. Nueva York, NY: Viking Press.

Van der Kolk, B. A. (2005). Developmental Trauma Disorder: Toward a Rational Diagnosis for Children with Complex Trauma Histories, *Psychiatric Annals 35*(5), 401-408.

Wonder, N. (2013). Treating Pornography Addiction with IFS. En: M. Sweezy y E. L. Ziskind (eds.), *Internal family systems therapy: New dimensions* (pp. 159-165). Oxford, RU: Routledge.

Made in United States
North Haven, CT
10 November 2026

22084248R00127